DESCRIPTION

DE TOUS LES

TIMBRES-POSTE

CRÉÉS DE 1840 A 1866

AVEC

LEURS DATES D'ÉMISSION

leurs valeurs, leurs couleurs et variétés

AINSI QUE LES PRIX AUXQUELS ON PEUT SE LES PROCURER

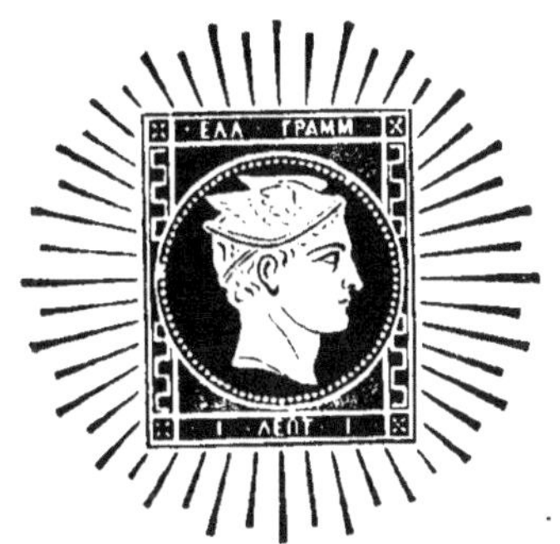

Chez A. MAURY

AU BUREAU DU JOURNAL

LE COLLECTIONNEUR DE TIMBRES-POSTE

23, Rue Le Peletier, 23

PARIS

1866

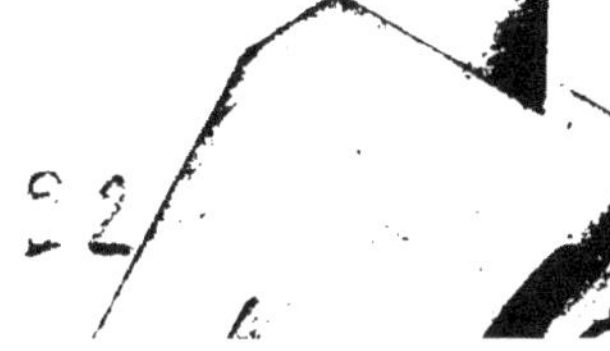

AVIS

Nous indiquons les prix de *tous* les timbres, mais on comprendra facilement que nous ne possédions pas la totalité. — Cela dit surtout pour les rares. Aussi, prions-nous les personnes qui nous adresseront des commandes, de toujours indiquer à part un certain nombre de timbres supplémentaires, pour servir à remplacer ceux qui viendraient à nous manquer.

Les prix variant, on devra consulter le journal *le Collectionneur de Timbres-Poste* qui, chaque mois, indique LA HAUSSE ET LA BAISSE, ainsi que les prix des timbres nouvellement émis.

Nos timbres sont TOUS GARANTIS AUTHENTIQUES, sauf ceux des Offices particuliers d'Amérique, qui sont ou des réimpressions avec les planches primitives, quand on a pu se les procurer, ou bien des copies; les réels valent de 2 fr. à 10 fr.

Toutes les demandes doivent être accompagnées de leur payement (mandats de poste, papier-monnaie, coupons, timbre neufs, etc.).

Les frais d'envoi seront à la charge de l'acheteur si la demande est au-dessous de 5 FR. POUR LA FRANCE et de 10 FR. POUR L'ETRANGER.

Les lettres non affranchies seront rigoureusement refusées.

L'ACHAT du présent Catalogue DONNE DROIT à UNE ANNÉE d'abonnement au journal *le Collectionneur de Timbres-Poste*.

Il suffit de détacher le Bulletin ci-contre et de l'adresser au Bureau du journal, en y joignant 1 fr. en timbres-poste.

Les journaux sont expédiés *franco* dans toute la France ; pour l'Etranger, on doit ajouter la différence du port.

(C.)

CATALOGUE DESCRIPTIF

DES

TIMBRES-POSTE

CRÉÉS DE 1840 A 1866

AVEC LEURS PRIX DE VENTE, NEUFS OU OBLITÉRÉS

POUR LES COLLECTIONS

ALLEMAGNE.

ÉTATS DU NORD. — OFFICE TOUR ET TAXIS.

1852. *Chiffre, noir sur couleur.*

			Neufs.	Oblitérés
1.	1/4 silb.	jaune brun.	» »	» 50
2.	1/3 »	chair......	» »	» 25
3.	1/2 »	vert d'eau..	» »	» 25
4.	1/2 »	» foncé.	» »	» 25
5.	1 »	bleu clair..	» »	» 50
6.	1 »	bleu ciel...	» »	» 50
7.	1 »	bleu foncé.	» »	» 50
8.	2 »	rose.......	» »	» 15
9.	3 »	jaune.....	» »	» 10

1859. *Même type, couleur sur blanc.*

			Neufs.	Oblitérés
10.	1/4 silb.	rouille....	» 25	» »
11.	1/2 »	vert......	» »	» 25
12.	1 »	bleu......	» 50	» 25
13.	2 »	rose......	» »	» 25
14.	3 »	brun rouge	» »	» 10
15.	5 »	lilas......	1f »	» 50
16.	10 »	vermillon.	2f »	» 75

1862-65. *Même type, couleur sur blanc.*

			Neufs.	Oblitérés
17.	1/4 silb.	noir.... .	» 10	» »
18.	1/3 »	vert......	» 10	» »
19.	1/2 »	orangé....	» 15	» 10
20.	1/2 »	orang. pâle	» 15	» 10
21.	1 »	rose......	» 25	» 10
22.	2 »	bleu......	» 50	» 25
23.	3 silb.	bistre.....	» 75	» 10
24.	3 »	bistre pâle	» 75	» 10

Mêmes timbres, dentelés.

			Neufs.	Oblitér.
25.	1/4 silb.	noir......	» 10	» »
26.	1/3 »	vert	» 10	» »
27.	1/2 »	orangé....	» 15	» 10
28.	1 »	rose......	» 25	» 10
29.	2 »	bleu......	» 50	» 25
30.	3 »	bistre.....	» 75	» 10
31.	5 »	lilas......	1f »	» 50
32.	10 »	vermillon .	2f »	» 75

ENVELOPPES.

1861. *Chiffre, relief et couleur. Petites inscriptions lilas.*

			Neufs.	Oblitér.
33.	1/2 silb.	orangé...	2f50	» »
34.	1 »	rose.....	2f50	» »
35.	2 »	bleu foncé	2f50	» »
36.	3 »	bistre....	2f50	» »

1862. *Les mêmes, inscriptions couleur du timbre.*

			Neufs.	Oblitér.
37.	1/4 silb.	noir......	» 15	» »
38.	1/2 »	orangé...	» 25	» »
39.	1/2 »	orang. pâle	» 25	» »
40.	1 »	rose.....	» 25	» »
41.	2 »	bleu foncé	» »	» 50
42.	2 »	bleu.....	» 50	» »
43.	3 »	bistre....	» 75	» »

ÉTATS DU SUD. — OFFICE TOUR ET TAXIS.

1852. *Chiffre, noir sur couleur.*

		Neufs.	Oblitér.
1.	1 kr. vert d'eau ...	» »	» 25
2.	1 » v. d'eau clair.	» »	» 25
3.	3 kr. bleu clair....	» »	» 25
4.	3 » bleu foncé...	» »	» 25
5.	6 » rose.........	» »	» 15
6.	9 » jaune........	» »	» 10

1859. *Même type, couleur sur blanc.*

		Neufs.	Oblitér.
7.	1 kr. vert clair....	» 10	» 05
8.	3 » bleu.........	» »	» 25
9.	6 » rose..........	» »	» 15
10.	9 » jaune........	» »	» 25
11.	15 » lilas.........	1f »	» 25
12.	30 » vermillon....	2f »	» 50

1862. *Mêmes timbres.*

		Neufs.	Oblitér.
13.	3 kr. rose.........	» 25	» 05
14.	6 » bleu..........	» 50	» 05
15.	9 » bistre........	» 75	» 05
16.	9 » bistre clair...	» 75	» 05

1865. *Mêmes timbres dentelés.*

		Neufs.	Oblitér.
17.	1 kr. vert clair....	» 10	» »
18.	3 » rose.........	» 25	» »
19.	6 » bleu.........	» 50	» »
20.	9 » bistre........	» 75	» »
21.	15 » lilas..........	1f »	» »
22.	30 » vermillon....	2f »	» »

ENVELOPPES.

1861. *Chiffre, relief et couleur, petites inscriptions lilas.*

		Neufs.	Oblitér.
23.	2 kr. jaune........	2f50	» »
24.	3 » rose.........	2f50	» »
25.	6 » bleu foncé.. .	2f50	» »
26.	9 » bistre........	2f50	» »

1862. *Les mêmes, petites inscriptions, de même couleur que le timbre.*

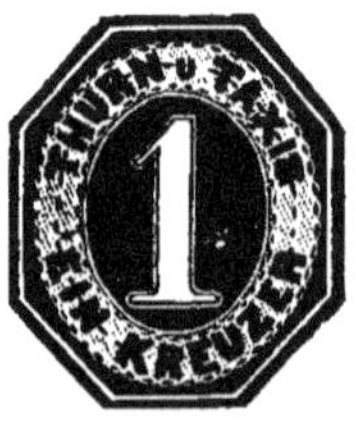

		Neufs.	Oblitér.
27.	1 kr. vert.........	» 15	» »
28.	2 » jaune........	» 25	» »
29.	3 kr. rose.........	» 25	» »
30.	6 » bleu foncé...	» »	» 50
31.	6 » bleu clair....	» 50	» »
32.	9 » bistre........	» 75	» »

ANTIGUA (Amérique).

1862. *Reine, couleur sur blanc.*

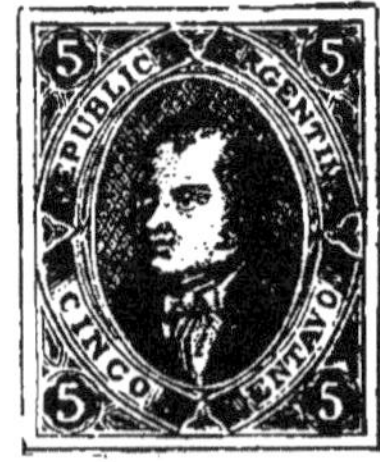

		Neufs.	Oblitér.
1.	1 pen. carmin foncé	» 50	» »
2.	1 » carmin rosé.	» 25	» »
3.	6 » vert........	1f25	» 75

ARGENTINE (Confédération).

1858. *Armoiries, couleur sur blanc.*

		Neufs.	Oblitér.
1.	5 cent. rouge (gr. 5)	» »	4f »
2.	5 » rouge (p. 5)	» 50	» »
3.	5 » rouge (5: avec 2 points)..	1f »	» »
4.	10 » vert........	1f50	» »
5.	15 » bleu........	2f »	» »

1862. RÉPUBLIQUE; *armes, couleur sur blanc.*

		Neufs.	Oblitér.
6.	5 cent. rouge......	» »	» 50
7.	5 » rose........	» 50	» 25
8.	10 » vert........	1f »	» 50
9.	15 » bleu.......	2f »	1f »

1864. *Effigie (Rivadavia), couleur sur blanc.*

		Neufs.	Oblitér.
10.	5 cent. carmin	» »	2f »

		Neufs.	Oblitér.
11.	10 cent vert.......	» »	2f »

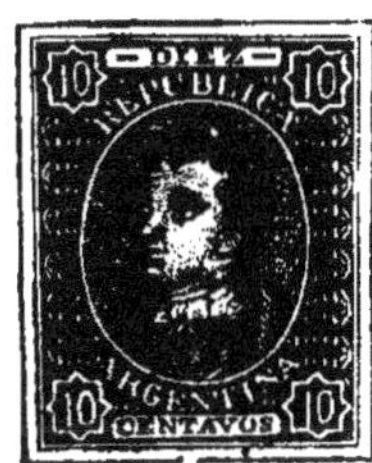

		Neufs.	Oblitér.
12.	15 » bleu........	» »	2f »

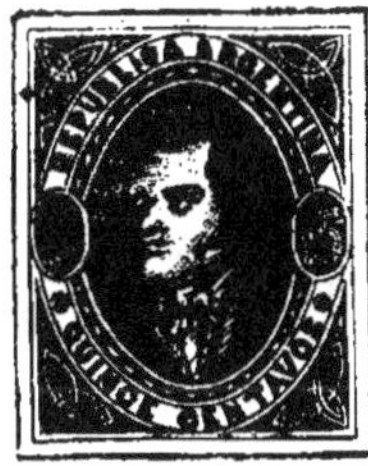

1864. *Les mêmes, dentelés.*

		Neufs.	Oblitér.
13.	5 cent. carmin foncé.	» »	» 50
14.	5 » rose........	» 50	» »
15.	10 » vert........	1f »	» »
16.	15 » bleu.......	1f 50	» »

AUSTRALIE OCCIDENTALE.

1854. *Cygne en couleur, formes diverses. Cygne en filigrane.*

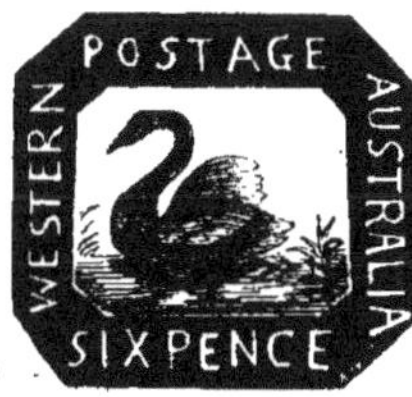

		Neufs.	Oblitér.
1.	2 pence gris sur rougeâtre....	» »	5f »
2.	4 » bleu.......	» »	1f »
3.	4 » bleu pâle..	1f 50	» 50
4.	4 » bleu (dentelé à la roulette)..	» »	3f »
5.	6 pence doré......	» »	5f »
6.	6 » gris.......	» »	5f »
7.	1 sh. rouille ovale	» »	2f »
8.	1 » rouille pâle	» »	2f »

1860. *Rectangulaires, cygne.*

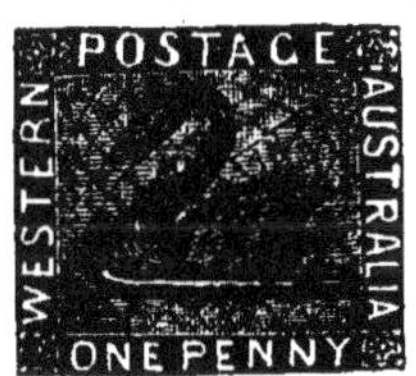

		Neufs.	Oblitér.
9.	1 penny noir.......	» »	1f »
10.	1 » noir (dentelé à la roul..	» »	3f »
11.	2 » orangé.....	» »	1f »
12.	2 » id. (dentelé à la roul..	» »	3f »
13.	2 » id. (papier pelure)...	1f »	» »
14.	4 » rose vif....	» »	6f »
15.	4 » bleu foncé (p. pelure)	2f »	» »
16.	6 » vert.......	» »	4f »
17.	6 » vert jaune..	» »	4f »
18.	6 » vert jaune (dent. à la roulette)..	» »	6f »

1862. *Même type, dentelés. Cygne en filigrane.*

		Neufs.	Oblitér.
19.	1 penny carmin....	» 50	» »
20.	1 » carmin pâle	» 50	» »
21.	2 pence bleu.......	» 50	» »
22.	4 » vermillon..	2f »	» »
23.	6 » violet......	» »	1f »
24.	1 sh. vert.......	» »	1f »

1864. *Mêmes timbres, sans filigrane.*

		Neufs.	Oblitér.
25.	1 penny carmin	» 25	» »
26.	1 » carm. rouge	» »	» 25
27.	2 » bleu.......	» 50	» »
28.	6 » violet......	» »	» 75
29.	6 » viol. brun.	» »	» 75

1865. *Mêmes timbres CC. et couronne en filigrane.*

		Neufs.	Oblitér.
30.	1 penny jaune sale..	» 25	» »
31.	2 pence jaune vif...	» 50	» »

	Neufs.	Oblitér.
32. 4 pence rose.......	1f »	» »
33. 6 » lilas.......	1f50	» »
34. 1 shil. vert clair..	2f50	1f »

AUSTRALIE DU SUD.

1855. *Effigie de la reine, coul. sur blanc. Etoile en filigrane.*

1. 1 penny vert......	» »	» 50
2. 2 pence rouge.....	» »	» 50
3. 2 » rouge pâle..	» »	» 50
4. 2 » rouge brun.	» »	» 50
5. 6 » bleu.......	» »	» 50
6. 6 » violet......	» »	» 50
7. 9 » gris.......	» »	1f50
8. 1 shil. orangé.....	» »	1f50

Les mêmes, dentelés à la roulette.

9. 1 penny vert foncé..	» »	» 25
10. 1 » vert.......	» 25	» »
11. 2 pence brun rouge.	» »	» 50
12. 2 » rouge pâle.	» »	» 15
13. 2 » vermillon..	» »	» 25
14. 6 » bleu.......	» »	» 50
15. 6 » bleu foncé.	» »	» 50
16. 6 » ardoise....	» »	» 50
17. 6 » violet......	» »	» 50
18. 9 » gris.......	2f	» »
19. 10 » orange.....	2f	» »
20. 1 shil. orangé.....	» »	1f50
21. 1 » orangé pâle	» »	1f »
22. 1 » brun.......	» »	» 50
23. 1 » brun clair..	» »	» 50

AUTRICHE.

1850. *Armoiries, couleur sur blanc.*

1. 1 kr. orangé......	» »	1f »
2. 1 » jaune......	» »	» 25
3. 2 » noir........	» »	» 15
4. 3 » rouge.......	» »	» 10
5. 3 » rouge pâle..	» »	» 10
6. 6 » brun.......	» »	» 10
7. 6 » brun pâle...	» »	» 10
8. 9 » bleu.......	» »	» 10
9. 9 » bleu pâle...	» »	» 10

1858. *Effigie, couleur sur blanc.*

10. 2 kr. orangé......	» »	1f »
11. 2 » jaune......	» »	» 50
12. 3 » noir.......	» »	» 50
13. 3 » vert.......	» »	» 50
14. 5 » rouge......	» »	» 10
15. 10 » brun.......	» »	» 10
16. 15 » bleu.......	» »	» 10

1861. *Ovale, effigie en relief et couleur sur blanc.*

	Neufs.	Oblitér.
17. 2 kr. jaune.......	» 25	» 10
18. 3 » vert........	» 25	» 10
19. 5 » rouge......	» 50	» 10
20. 10 » brun.......	» 50	» 05
21. 15 » bleu.......	» 60	» 05

1863. *Ovale, aigle, relief et couleur sur blanc; petite dentelure.*

22. 2 kr. jaune.......	» 25	» 10
23. 3 » vert........	» 25	» 10
24. 5 » rose........	» 50	» 10
25. 10 » bleu........	» 60	» 05
26. 15 » brun.......	» 75	» 05

1864. *Les mêmes, grosse dentelure.*

27. 2 kr. jaune.......	» 15	» 10
28. 3 » vert........	» 25	» 10
29. 5 » rose........	» 25	» 10
30. 10 » bleu.......	» 50	» 05
31. 15 » brun.......	» 75	» 05

TIMBRES POUR JOURNAUX (INTÉRIEUR)

1850. *Tête de Mercure, impr. couleur sur blanc.*

32. Bleu............	» »	» 15
33. Bleu pâle.........	» »	» 15
34. Indigo............	» »	» 25
35. Jaune pâle........	» »	10f »
36. Rose pâle.........	» »	10f »
37. Carmin vif........	» »	10f »

Réimpression.

35 A. Jaune...........	6f »	» »
36 A. Rose............	6f »	» »
37 A. Carmin.........	6f »	» »

1858-59. *Effigie à gauche, relief et couleur sur blanc.*

38. Lilas.............	» »	» 25
39. Bleu.............	» »	» 50

1861. *Effigie à droite, relief et couleur sur blanc.*

40. Gris perle.........	» »	» 10
41. Lilas............	» »	» 10

1863. *Armoiries (aigle), relief et couleur sur blanc.*

42. Lilas.............	» 25	» »
43. Lilas clair........	» 10	» »

TIMBRES POUR JOURNAUX (EXTÉRIEUR).

(**Nota.** Nous indiquons ici tout ce qui a eu cours soit en Autriche, soit en Lombardo-Vénétie.)

1853-58. *Armoiries (aigle), couleur sur blanc.*

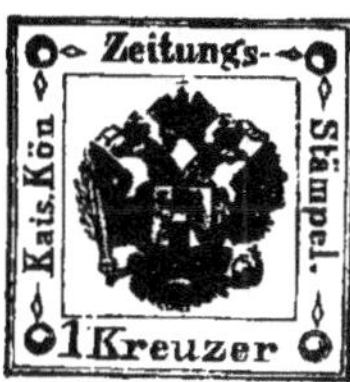

				Neufs.		Oblitér.	
44.	1	kr.	noir........	3f	»	»	»
45.	1	»	bleu........	»	25	»	10
46.	1	»	bleu pâle...	»	25	»	10
47.	2	»	vert........	»	»	»	75
48.	2	»	vert pâle...	»	»	»	50
49.	2	»	brun.	»	50	»	25
50.	2	»	brun clair...	»	»	»	25
51	2	»	rouge.......	»	»	»	15
52.	4	»	rouge.......	»	»	3f	»
53.	4	»	brun	»	»	3f	»

ENVELOPPES.

1861. *Effigie en relief et couleur sur blanc.*

54.	3	kr.	vert........	»	25	»	»
55.	5	»	rouge.......	»	50	»	»
56.	10	»	brun	1f	»	»	»
57.	15	»	bleu........	1f	»	»	»
58.	20	»	orangé......	1f	50	»	»
59.	25	»	brun foncé..	1f	50	»	»
60.	30	»	violet.......	2f	»	»	»
61.	35	»	brun clair...	2f	50	»	»

1863. *Aigle en relief et couleur sur blanc.*

62.	3	kr.	vert........	»	25	»	»
63.	5	»	rose........	»	40	»	»
64.	10	»	bleu........	»	50	»	»
65.	15	»	bistre.......	»	75	»	»
66.	25	»	violet.......	1f	25	»	»

TIMBRES DITS DE RETOUR.

(**Nota.** Sous ce nom on connaît des marques qui servaient à compléter les anciennes feuilles de timbres. Il n'y a pas de timbres de retour en Autriche).

1850. *Croix de couleur sur papier blanc.*

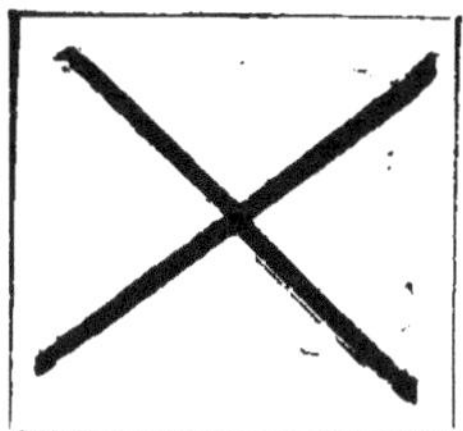

		Neufs.		Oblitér.	
67.	Orangé....	1f	»	»	»
68.	Jaune...........	1f	»	»	»
69.	Noir.............	1f	»	»	»
70.	Rouge...........	1f	»	»	»
71.	Brun	1f	»	»	»
72.	Bleu	»	50	»	»

1858. *Croix blanche en relief, fond de couleur sur papier blanc.*

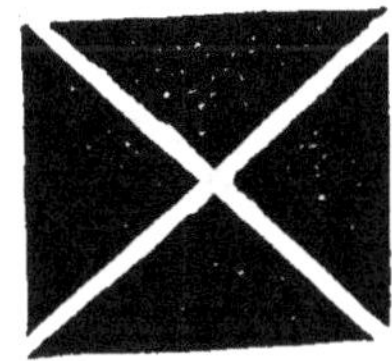

73.	Orangé...........	1f	»	»	»
74.	Jaune......	»	25	»	»
75.	Noir........... ..	»	50	»	»
76.	Vert..............	»	25	»	»
77.	Rouge............	»	25	»	»
78.	Brun.............	»	50	»	»
79.	Bleu..............	»	25	»	»

BADE.

1851. *Chiffre noir sur couleur.*

1.	1	kr.	chamois.....	»	»	»	50
2.	3	»	jaune paille.	»	»	»	15
3.	3	»	jaune orangé	»	»	»	15
4.	6	»	vert	»	»	»	10
5.	9	»	rose.........	»	»	»	10

1853. *Mêmes timbres.*

6.	1	kr.	blanc.......	»	»	»	25
7.	3	»	bleu........	»	»	»	25
8.	3	»	vert........	»	»	»	15
9.	6	»	jaune.......	»	»	»	15

1861. *Armoiries, fond de couleur sur papier blanc, petite dentelure.*

		Neufs.	Oblitér.
10.	1 kr. noir........	» »	» 10
11.	3 » bleu ciel....	» »	» 15
12.	3 » bleu foncé..	» »	» 15
13.	6 » jaune orangé	» »	» 15
14.	6 » jaune......	» »	» 15
15.	9 » rose........	» »	» 10

Mêmes timbres, grosse dentelure.

16.	1 kr. noir........	» »	» 10
17.	3 » bleu........	» »	» 15
18.	6 » bleu........	» »	» 15
19.	9 » bistre.......	» »	» 10
20.	9 » bistre clair..	» »	» 10

1862. *Mêmes timbres, armoiries fond blanc.*

21.	1 kr. noir........	» 10	» »
22.	3 » rose........	» 25	» 05
23.	6 » bleu.......	» 50	» 10
24.	9 » bistre......	» 75	» 10
25.	18 » vert........	1f 50	» 50
26.	30 » orangé	2f »	» 50

1862. LAND-POST (CHIFFRES-TAXE). *Chiffre noir sur couleur.*

27.	1 kr. jaune.......	» 10	» »
28.	3 » jaune.......	» 25	» »
29.	12 » jaune.......	» 75	» »

ENVELOPPES.

1858. *Ovales, relief et couleur sur blanc.*

30.	3 kr. bleu........	1f »	» »
31.	6 » jaune d'or...	1f 25	» »
32.	9 » rose........	1f 50	» »
33.	12 » bistre.......	8f »	» »
34.	18 » rouge brun..	10f »	» »

1862. *Même type.*

35.	3 kr. rose........	» 25	» 05
36.	6 » bleu........	» 50	» 25
37.	9 » bistre.......	» 75	» 25

BAHAMAS.

1859. *Reine, couleur sur blanc.*

1.	1 penny rouge pâle.	» »	2f »

1861. *Même type, dentelé.*

2.	1 penny rouge pâle..	» »	1f »
3.	4 pence rose......	» »	» 50
4.	6 » lilas.......	» »	1f »

1862. *Même type, avec CC couronné, en filigrane.*

		Neufs.	Oblitér.
5.	1 penny brun rouge.	» »	» 50
6.	1 » carmin vif.	» 25	» »
7.	4 pence rose.......	1f »	» »
8.	6 » gris.......	» »	1f »
9.	6 » lilas foncé.	1f 50	» 50
10.	1 shil. vert (type différent).	» »	» 75

BARBADE.

1852. *Déesse assise, couleur sur papier bleui.*

1.	Vert............	» »	4f »
2.	Bleu.............	» »	4f »
3.	Rouge...........	» »	3f »

Mêmes timbres, papier blanc.

4.	Vert..............	» »	4f »
5.	Bleu..............	» »	3f »
6.	Rouge............	» »	2f »

1861. *Mêmes timbres, dentelés.*

7.	Vert..............	» 15	» »
8.	Bleu..............	» 25	» »
9.	Rouge............	» »	» 50
10.	Rouge foncé.......	» »	» 50

Même type, valeur indiquée.

11.	6 pence rouge......	» »	1f »
12.	1 shil. noir.......	» »	1f »

1864. *Mêmes timbres, dentelés.*

13.	6 pence rouge......	» »	» 50
14.	6 » rouge orangé	» »	» 50
15.	1 shill. gris noir....	» »	» 50

BAVIÈRE.

1849. *Chiffre dans un carré.*

1.	1 kr. noir s. blanc.	3f »	1f 50

1850. *Chiffre dans un rond, couleur sur blanc.*

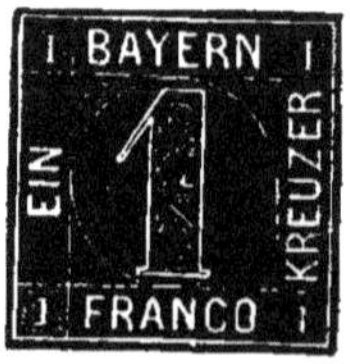

2.	1 kr. rose........	1f »	» 15
3.	1 » rose clair...	1f »	» 15

			Neufs.	Oblitér.
4.	3 kr.	bleu........	1f »	» 05
5.	3 »	bleu pâle...	1f »	» 05
6.	6 »	brun........	1f »	» 05
7.	6 »	brun pâle...	1f »	» 05
8.	9 »	vert........	1f 50	» 05
9.	9 »	vert jaune..	1f 50	» 05
10.	12 »	rouge.......	2f »	» 25
11.	18 »	jaune.......	2f »	» 25

1852. *Mêmes timbres.*

12.	1 kr.	jaune.......	» 10	» »
13.	3 »	rose........	» 25	» 10
14.	3 »	rose pâle...	» 25	» 10
15.	6 »	bleu........	» 50	» 10
16.	6 »	bleu pâle...	» 50	» 10
17.	9 »	brun........	» 75	» 10
18.	9 »	brun clair...	» 75	» 10
19.	12 »	vert........	1f »	» 15
20.	18 »	rouge.......	1f 25	» 25

1862. POST-TAXE (CHIFFRE-TAXE).

21.	3 kr.	noir s. blanc.	» 25	» »

1865. RETOURBRIEF (TIMBRES DE RETOUR).

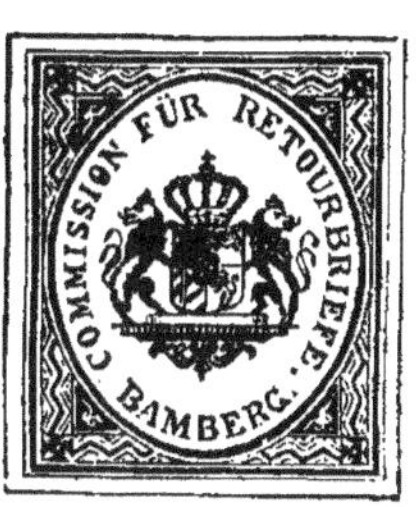

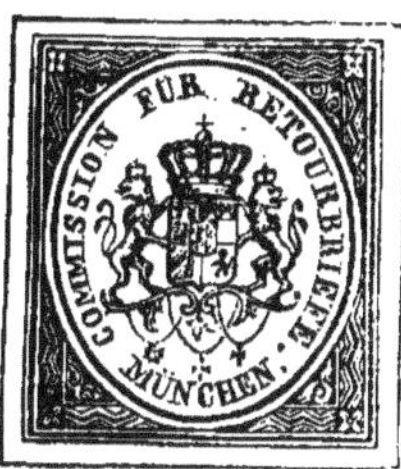

22.	Noir sur blanc, Munich	1f »	»	»
23.	Id. Bamberg	1f »	»	»

ENVELOPPES

portant un timbre noir sur couleur, type des timbres ordinaires, service du bureau central aux succursales.

24.	1 kr.	gris.........	2f »	» »
25.	3 »	bleu.........	1f 50	» »
26.	6 »	marron.....	3f »	» »
27.	9 »	vert........	4f »	» »
28.	12 »	rouge......	5f »	» »
29.	18 »	jaune.......	5f »	» »
30.	1 »	jaune.	2f »	» »
31.	3 »	noir (taxe)..	5f »	» »
32.	3 kr.	rose........	1f 50	» »
33.	6 »	bleu........	2f »	» »
34.	9 »	fauve.......	4f »	» »
35.	12 »	vert........	5f »	» »
36.	18 »	gris rose....	5f »	» »

ESSAI D'ENVELOPPE.

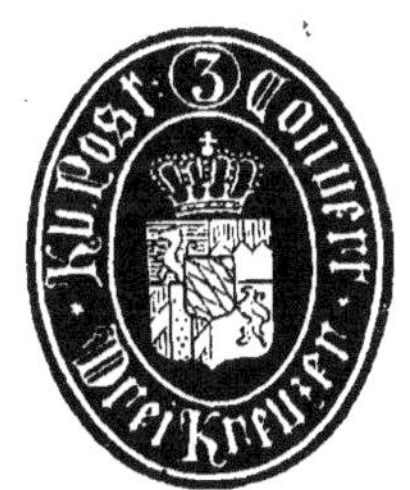

BELGIQUE.

1849. *Effigie sans cadre, couleur sur blanc.*

1.	10 cent.	brun noir.	»	»	» 25
2.	10 »	brun clair.	»	»	» 25
3.	20 »	bleu......	»	»	» 25
4.	20 »	bleu clair.	»	»	» 25

1850. *Effigie dans un ovale, LL en filigrane.*

5.	10 cent.	brun......	»	»	» 25
6.	20 »	bleu......	»	»	» 25
7.	40 »	carmin....	»	»	» 25

1851. *Même type, sans filigrane.*

8.	1 cent.	vert foncé..	»	»	» 10
9.	1 »	vert.......	»	»	» 10
10.	10 »	noir.......	»	»	» 25
11.	10 »	brun noir..	»	»	» 10
12.	20 »	bleu foncé.	»	»	» 25
13.	20 »	bleu.......	»	»	» 10
14.	40 »	carmin foncé	»	»	» 25
15.	40 »	carmin.....	»	»	» 10

1863. *Mêmes timbres, dentelés.*

16.	1 cent.	vert foncé..	» 10	»	»
17.	1 »	vert clair...	» 05	»	»
18.	1 »	vert bleu...	» 10	»	»
19.	10 »	noir........	»	»	» 25
20.	10 »	brun.	» 25	»	05

			Neufs.		Oblitér.	
21.	20 cent	bleu foncé..	»	»	»	10
22.	20 »	bleu	»	50	»	05
23.	40 »	carmin foncé	»	»	»	25
24.	40 »	carmin.....	»	75	»	05

ESSAIS.

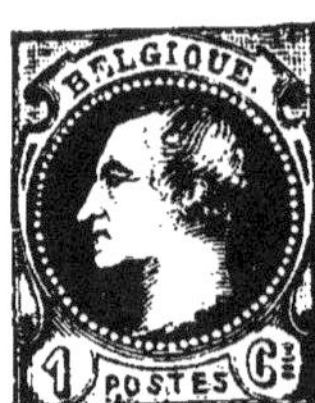

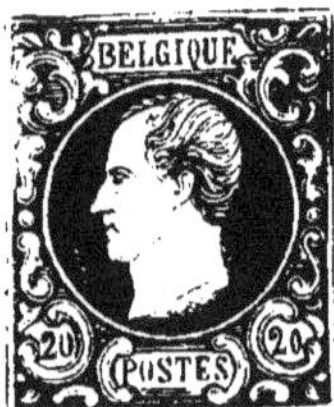

1865. *Effigie à gauche, couleur sur papier blanc glacé.*

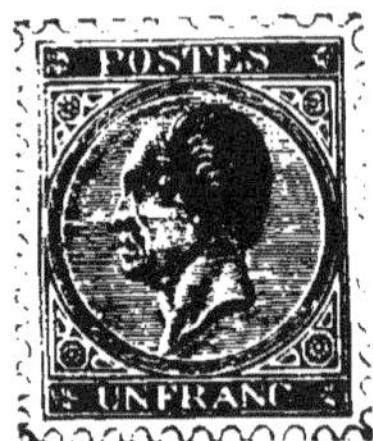

25.	10 cent.	gris......	»	20	»	05
26.	20 »	bleu......	»	50	»	05
27.	30 »	bistre.....	»	50	»	10
28.	40 »	carmin ...	»	60	»	10
29.	1 franc	lilas... ..	1f	25	»	25

TIMBRE DE TÉLÉGRAPHE.

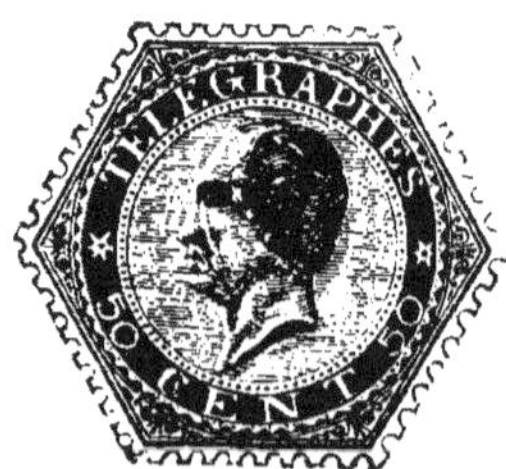

1866. *Armoiries.*

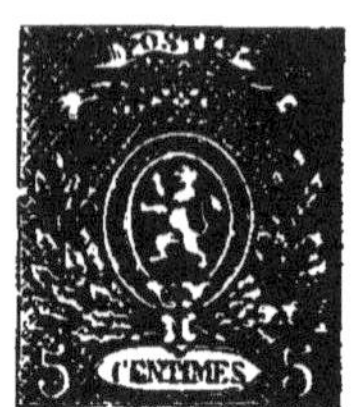

			Neufs.		Oblitér.	
30.	1 cent.	gris.......	»	10	»	»
31.	1 »	gris non dentelé......	»	10	»	»
32.	2 »	brun......	»	10	»	»

1866. *Léopold II.*

33.	10 cent.	....	»	»	»	»
34.	20 »	....	»	»	»	»
35.	30 »	....	»	»	»	»
36.	40 »	....	»	»	»	»
37.	1 franc	....	»	»	»	»

BERGEDORF.

1861. *Armoiries, papier de couleur.*

1.	1/2 sch.	noir s. violet	15f	»	»	»
2.	1/2 »	noir s. bleu.	»	25	»	»
3.	1 »	noir s. blanc	»	25	»	»
4.	1 1/2 »	noir s. jaune	»	40	»	»
5.	3 »	noir s. rose.	15f	»	»	»
6.	3 »	bleu s. rose.	»	50	»	»
7.	4 »	noir s. fauve	»	75	»	»

BERMUDE.

1865. *Effigie, couleur sur blanc.*

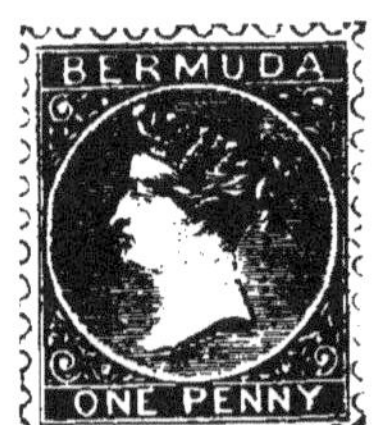

1.	1 penny	rose......	»	25	»	»
2.	2 pence	bleu......	»	50	»	»
3.	6 »	lilas......	1f	50	»	»
4.	1 shill.	vert......	2f	50	»	»

BOLIVIE.

ESSAI.

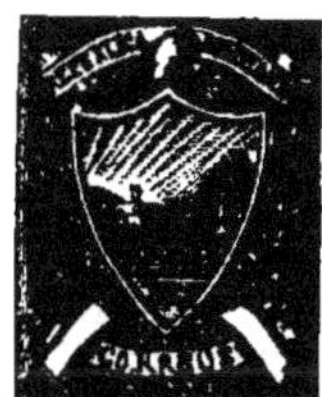

BRÊME.

1855. *Armoiries, non dentelés.*

	Neufs.	Oblitér.	
1. 3 grote bleu.......	» 50	»	»
2. 5 » rose.......	» 75	»	»
3. 7 » jaune.... .	» 75	»	»
4. 5 silb. vert.......	1f 50	»	»

1861. *Mêmes timbres, dentelés.*

5. 2 grote orangé	» 25	»	»
6. 2 » orangé pâle.	» 25	»	»
7. 3 » bleu.... ..	» 40	»	»
8. 5 » rose.......	» 50	»	»
9. 7 » jaune......	» 75	»	»
10. 10 » blanc.....	1f »	»	»
11. 5 silb. vert.......	1f 25	»	»

ENVELOPPES.

Stadt post-amt.

12. Noir sur bleu......	» 25	»	»
13. Noir sur blanc.....	» 25	»	»

BRÉSIL.

1843. *Grands chiffres, noir sur blanc.*

1. 30 reis noir.......	»	»	6f »
2. 30 » noir bleu..	»	»	6f »
3. 60 » noir.......	»	»	3f »
4. 60 » noir bleu..	»	»	3f »
5. 90 » noir.......	»	»	9f »
6. 90 » noir bleu..	»	»	9f »

1844. *Chiffres italiques, noir sur papier jaunâtre.*

	Neufs.	Oblitér.	
7. 10 reis noir.......	»	»	» 50
8. 30 » noir.......	»	»	» 50
9. 60 » noir.......	»	»	» 50
10. 90 reis noir.......	»	»	2f »
11. 180 » noir.......	»	»	25f »
12. 300 » noir.......	»	»	25f »
13. 600 » noir.......	»	»	25f »

Les mêmes, papier azuré.

14. 10 reis noir.......	»	»	» 50
15. 30 » noir.......	»	»	» 50
16. 60 » noir.......	»	»	» 50
17. 90 » noir.......	»	»	2f »
18. 180 » noir...... .	»	»	25f »
19. 300 » noir.......	»	»	25f »
20. 600 » noir.......	»	»	25f »

1850. *Petits chiffres droits, noir sur blanc.*

21. 10 reis noir.......	2f	»	»	»
22. 20 » noir.......	»	50	»	»
23. 30 » noir.......	»	25	»	10
24. 30 » gris noir...	»	25	»	10
25. 60 » noir.......	»	40	»	10
26. 60 » gris noir...	»	40	»	10
27. 90 » noir.......	»	50	»	25
28. 90 » gris noir...	»	50	»	25
29. 180 » noir.......	1f	25	»	50
30. 300 » noir.......	2f	»	»	75
31. 600 » noir.......	2f	50	1f	»

1854-61. *Même type, couleur sur blanc.*

32. 10 reis bleu.......	»	25	»	10
33. 10 » bleu pâle...	»	25	»	10
34. 30 » bleu	»	25	»	»
35. 30 » bleu pâle..	»	25	»	»
36. 280 » rouge......	1f	50	»	15
37. 430 » jaune......	2f	50	1f	»

1866. *Effigie de l'empereur, types variés.*

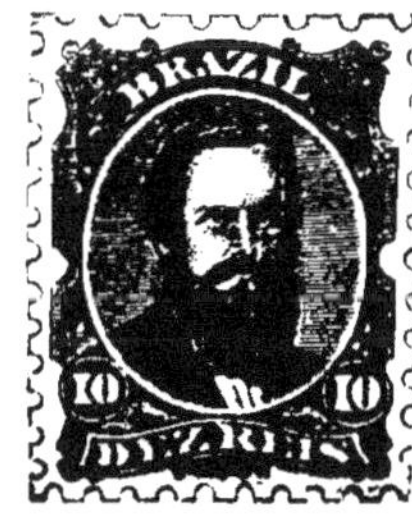

38. 10 reis rouge. .... » 15 » »

Neufs. Oblitér.

39. 20 reis lilas....... » 25 » »

40. 50 » bleu....... » 35 » »
41. 80 » lilas....... » 50 » »
42. 100 » vert....... » 75 » »
43. 200 » noir....... 1f 25 » 50
44. 500 » jaune...... 3f » » 50
La collection........ 5 fr. » »

BRUNSWICK (DUCHÉ).

1852. Cheval, couleur sur blanc.

1. 1 silb. rose....... » » 2f »
2. 2 » bleu........ » » 1f »
3. 3 » rouge...... » » 2f »

1853-61. Même type, noir sur couleur.

4. 1/4 silb. brun..... » » » 75
5. 1/3 » blanc.... » 25 » »
5b. 1/3 » blanc (dentelé).... » 25 » »
6. 1/2 » vert...... » 25 » »
6b. 1/2 » vert (dentelé).... » 25 » »
7. 1 silb. jaune d'ocre » » » 25
8. 1 » jaune clair. » 25 » »
9. 1 » orangé.... » » » 25
10. 2 » bleu...... » 50 » 25
10b. 2 » bleu (dentelé).... » 50 » »
11. 3 » rose..... » » » 50

1857. Chiffre 1/4 couronné, noir sur rachou.

12. 1/4 guteng. (découpé) » 10 » »
13. Quatre 1/4 formant un timbre....... » 25 » »

1862-64. Cheval, couleur sur blanc.

14. 1 silb. jaune (dentelé)...... » 25 » »

Neufs. Oblitér.

15. 3 silb. rose (non dentelé)....... » 75 » »
16. 3 » rose (dentelé) » 75 » »

1866. Ovales, cheval, relief et couleur sur blanc.

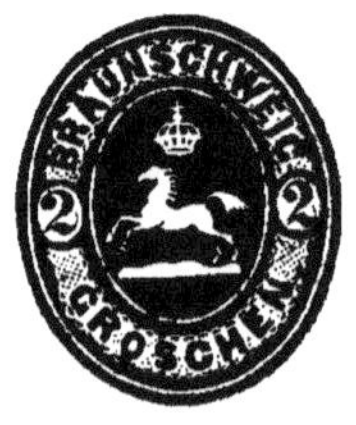

17. 1/3 grosch. noir..... » 25 » »
18. 1/2 » » 25 » »
19. 1 » rose..... » 25 » »
20. 2 » bleu.... » 50 » »
21. 3 » bistre... » 75 » »

ENVELOPPES.

1855. Cheval, relief et couleur sur blanc.

22. 1 gr. jaune........ » » » 50
23. 1 » jaune orangé.. » 25 » »
24. 2 » bleu foncé... » » » 50
25. 2 » bleu vif. .... » 50 » »
26. 3 » rose......... » » » 50
27. 3 » carmin....... » 75 » »

1866. Petit ovale, cheval, relief et couleur sur blanc.

28. 1 gr. rose......... » 25 » »
29. 2 » bleu......... » 50 » »
30. 3 » bistre........ » 75 » »

1852. Rond, frappé à main :

STADT-POST FR.

31. Rouge sur blanc... » 25 » »
32. Rouge sur gris..... » 25 » »
33. Rouge sur bleu.... » 25 » »
34. Rouge sur rose..... » 25 » »
35. Rouge sur jaune... » 25 » »
36. Rouge sur vert..... » 25 » »
37. Rouge sur lilas..... » 25 » »

BUÉNOS-AYRES.

1858. *Vaisseau, couleur sur blanc.*

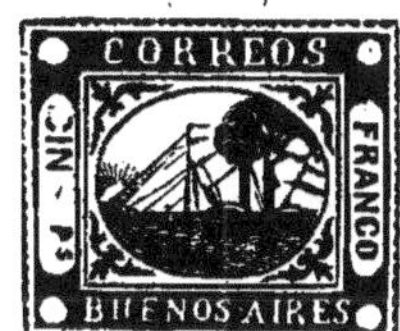

			Neufs.	Oblitér.
1.	1 peso	brun......	» »	5f »
2.	1 »	café.......	» »	5f »
3.	1 »	bleu foncé..	» »	2f »
4.	1 »	bleu.......	» »	2f »
5.	2 »	bleu.......	» »	5f »
6.	3 »	vert.......	» »	10f »
7.	4 »	rouge......	» »	10f »
8.	4 »	brun.......	» »	10f »
9.	5 »	jaune......	» »	15f »

ESSAI.

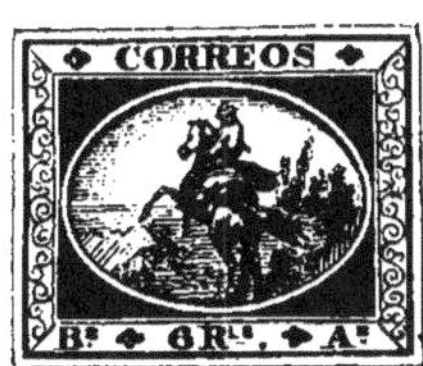

1859-62. *Tête de la Liberté, impr. en couleur.*

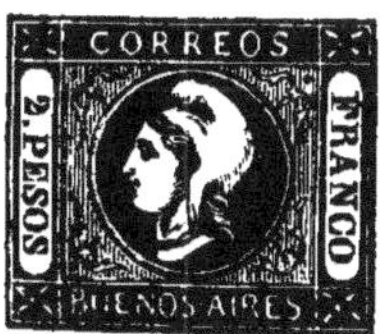

			Neufs.	Oblitér.
10.	1 peso	bleu foncé..	» »	» 50
11.	1 »	bleu clair..	» 50	» »
12.	1 »	rose s. paille	» »	1f »
13.	2 »	bleu s. paille	1f »	» »
14.	2 »	rouge......	» »	1f »
15.	4 »	vert s. bleu.	» »	1f 50

CACHEMIRE

1866. *Rond, imprimé en couleur sur papier blanc.*

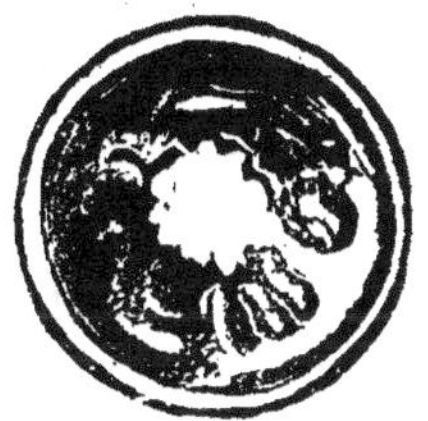

		Neufs.	Oblitér.
1.	Noir..............	» »	1f »
2.	Bleu.............	» »	1f »
3.	Rouge............	» »	1f »

CANADA.

1851. *Types divers, couleur sur blanc.*

			Neufs.	Oblitér.
1.	1/2 penny	rose (reine)	2f »	1f »
2.	1/2 »	rose (reine) dentelé..	» »	3f »
3.	3 pence	brun(castor)	» »	» 50
4.	3 »	rouge (id.).	» »	» 50
5.	3 »	rouge (id.), dentelé..	» »	1f 50
6.	6 »	violet clair (pr.Albert)	» »	3f »
7.	6 »	violet noir (pr. Albert)	» »	3f »
8.	6 »	violet noir (pr.Albert), dentelé...	» »	6f »
9.	6 »	1/2 vert (r.)	» »	3f »
10.	10 »	bleu (J. Cartier....	» »	3f »
11.	10 »	bleu foncé (J.Cartier)	» »	3f »
12.	12 »	noir(reine)	12f »	» »

1860. *Mêmes types, valeur en* cents.

			Neufs.	Oblitér.
13.	1 cent.	rose (reine)	» »	» 10
14.	1 »	rose foncé (r.)	» »	» 25
15.	2 »	rose (reine).	» 25	» »
16.	5 »	rouge(castor)	» »	» 10
17.	10 »	violet (pr. Albert)..	» »	» 25
18.	10 »	violet foncé (pr.Albert	» »	» 25

	Neufs.	Oblitér.
19. 12 c. 1/2 vert(reine)	» »	» 15
20. 17 » bleu(J. Car.)	» »	» 25
21. 17 » bleu foncé(J. Cartier).....	» »	» 25

ENVELOPPES.

1860. *Ovales, reine, relief et couleur sur blanc*

	Neufs.	Oblitér.
22. 5 cents rouge......	» 50	» »
23. 10 » brun......	1f »	» »

Les mêmes, papier jaune.

	Neufs.	Oblitér.
24. 5 cents rouge......	2f 50	» »
25. 10 » brun......	2f 50	» »

OFFICES PARTICULIERS

Bell's dispatch. Montreal, armoiries

	Neufs.	Oblitér.
26. 2 cents noir......	» 25	» »
27. 2 » bleu......	» 25	» »
28. 2 » rose......	» 25	» »

1865. *Bancroft's city exp., effigie.*

	Neufs.	Oblitér.
29. 5 cents bleu......	» 50	» »

CAP DE BONNE-ESPÉRANCE.

Triangulaires, gravés en taille douce.

	Neufs.	Oblitér.
1. 1 penny brique(pap. bleui)...	» »	1f 50
2. 1 » brique(pap. blanc)....	» »	» 50
3. 1 » carmin clair	» 50	» »
4. 1 » rouge brun	» 50	» »
5. 4 pence bleu (pap. bleui)...	» »	1f 50
6. 4 » bleu(papier blanc)...	» »	» 50
7. 4 » bleu foncé	» »	» 50
8. 6 » violet.....	» »	» 50
9. 6 » lilas......	» »	» 50
10. 6 » lilas clair.	» »	» 50
11. 1 shil. vert foncé.	» »	» 75
12. 1 » vert.	» »	» 75
13. 1 » vert d'eau.	» »	» 75

1861. *Triangulaires, gravés grossièrement sur bois (dits* lithographiés).

	Neufs.	Oblitér.
14. 1 penny rose......	» »	4f »
15. 1 » rouge.....	» »	6f »
16. 1 » bleu......	» »	20f »
17. 4 pence bleu......	» »	4f »
18. 4 » bleu foncé.	» »	6f »
19. 4 » rouge.....	» »	20f »

1863-65. *Rectangulaires, couleur sur blanc, dentelés.*

	Neufs.	Oblitér.
20. 1 penny rose......	» 25	» »
21. 4 pence bleu......	1f »	» 50
22. 6 » lilas......	1f 25	» 50
23. 1 shil vert......	2f »	» 50

CEYLAN.

1857. *Reine, types divers, non dentelés, étoile en filigrane, rectangulaires.*

	Neufs.	Oblitér.
1. 1/2 penny lilas(pap. bleui)..	» »	1f »
2. 1/2 » lilas(pap. blanc..	» 50	» »
3. 1 » bleu.....	» »	» »
4. 2 pence vert.....	» »	» 25
5. 5 » brun clair	» »	» 75
6. 6 » brun....	» »	» 25
7. 6 » brun clair	» »	» 25
8. 10 » rouge....	» »	1f »
9. 1 shill. lilas.....	» »	1f »

Idem, octogones.

	Neufs.	Oblitér.
10. 4 pence rouge.....	» »	1f »
11. 8 » marron...	» »	1f 50
12. 9 » brun.	» »	1f 50
13. 1 sh. 9 pence vert.	5f »	2f »
14. 2 » bleu.	» »	2f »

Les mêmes, dentelés.

	Neufs.	Oblitér.
15. 1/2 penny lilas.....	» 25	» »
16. 1 » bleu.....	» 25	» »
17. 1 » bleu (s. filigrane)	» »	» 75
18. 2 pence vert.....	» »	» 25
19. 5 » brun clair	» »	» 75
20. 6 » brun.....	» »	» 25
21. 6 » brun(s. filigrane)	» »	» 75
22. 10 » rouge...	» »	» 50
23. 1 shill. lilas.....	» »	1f »

Idem, octogones.

Neufs. Oblitér

24. 4 pence rouge..... » » 1f »
25. 8 » marron.... » » 1f50
26. 9 » brun...... » » 1f50
27. 9 » brun (s. filigrane). » » 2 »
28. 1 sh. 9 p. vert...... » » 2 »
29. 2 shill. bleu...... » » 2 »

Mêmes timbres avec CC et couronne en filigrane.

30. 1/2 penny lilas.... » 25 » »
31. 1 » bleu.... » 25 » 15
32. 2 pence vert..... » 50 » 25
33. 4 » rouge... 1f » » »
34. 5 » brun cl.. 1f25 » 75
35. 6 » brun cl.. 1f25 » 25
36. 6 » brun fonc. 1f25 » 25
37. 8 » marron. 2f » 1f50
38. 9 » brun.... 2f25 1f50
39. 10 » rouge... 2f50 1f »
40. 1 shill. lilas.... 2f50 1f »
41. 1 sh. 9 p. vert.... 5f » 2f »
42. 2 » bleu.... 5f » 2f »

ENVELOPPES.

Reine, relief et couleur sur blanc.

43. 1 penny bleu...... » 50 » »
44. 2 pence vert...... » 75 » »
45. 4 » rose...... 1f25 » »
46. 5 » brun...... 1f50 » »
47. 6 » brun..... 2f » » »
48. 8 » brun..... 2f » » »
49. 9 » violet..... 2f50 » »
50. 1 shill. jaune.. .. 2f50 » »
51. 1 sh. 9 p. vert....... 4f » » »
52. 2 shill. bleu...... 5f » » »

CHILI.

Christophe Colomb, couleur sur papier bleu.

1. 5 cent. brun...... » » 1f »
2. 10 » bleu foncé. » » 1f »

Même type, papier blanc.

3. 1 cent. jaune...... » 15 » »
4. 5 » brun....... » » 1f »
5. 5 » rouge....... » 50 » 25
6. 10 » bleu foncé.. » » » 75

Neufs. Oblitér.

7. 10 cent. bleu...... 1f » » 50
8. 20 » vert foncé... » » 1f25
9. 20 » vert .... 2f » 1f »

COLOMBIE BRITANNIQUE.

1865. *V et ornements, couleur sur blanc.*

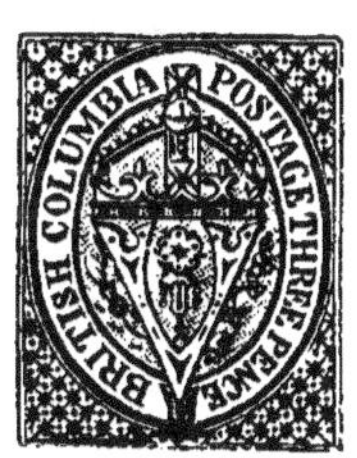

1. 3 pence bleu...... » 75 » »

COLOMBIE et VANCOUVER.

1861. *Reine, couleur sur blanc, non dentelé.*

1. 2 1/2 pence rose pâle » » 2f »

Même, dentelé.

2. 2 1/2 pence rose pâle. 1f » » »
3. 2 1/2 » rose brun 1f » » »

COLONIES FRANÇAISES.

1860-66. *Aigle dans un rond.*

1. 1 cent. olive...... » 10 » »
2. 5 » vert........ » 15 » »
3. 10 » jaune...... » » » 10
4. 20 » bleu....... » » » 25
5. 40 » orangé..... » » » 10
6. 80 » carmin.... » » » 25

COMPAGNIE DANUBIENNE

1866. *Valeur dans un ovale, coul. sur blanc, dentelés.*

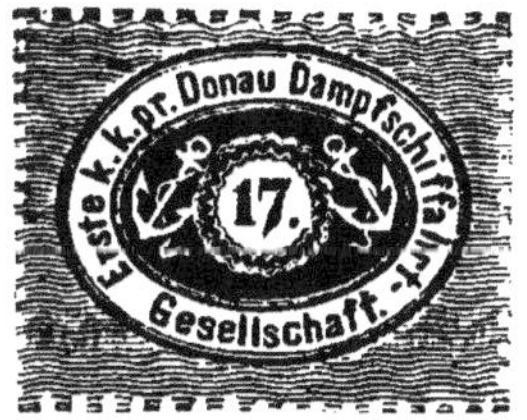

1. 10 soldi lilas...... 1f » » »
2. 17 » rose...... 1f50 » »

COMPAGNIE RUSSE DE NAVIGATION DU LEVANT

1864. *Grand timbre, armoiries russes.*

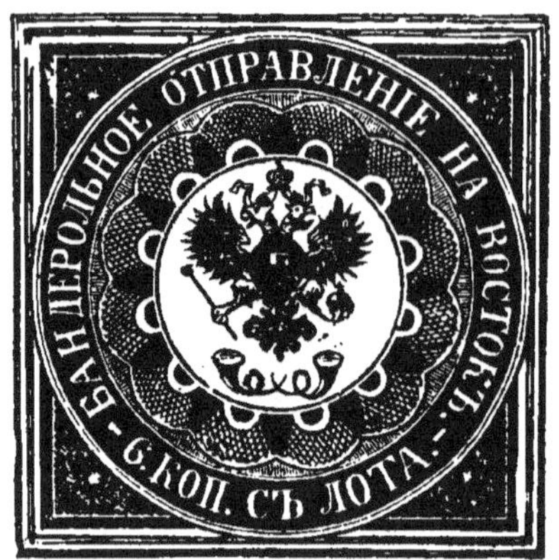

		Neufs.	Oblitér.
1.	6 kop. bleu........	1f50	» »

1867. *Petit format, vaisseau.*

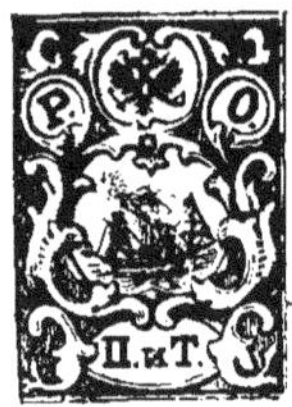

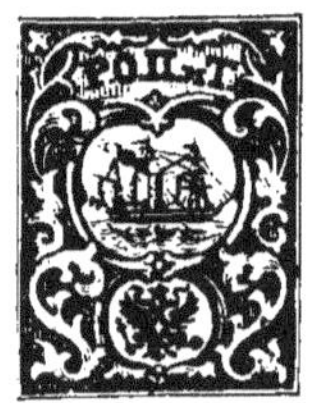

2.	Rouge brun.........	» 75	» »
3.	Id. foncé........	» 75	» »
4.	Bleu...............	1f75	» »

CORRIENTES.

1856-62. *Liberté, noir sur couleur.*

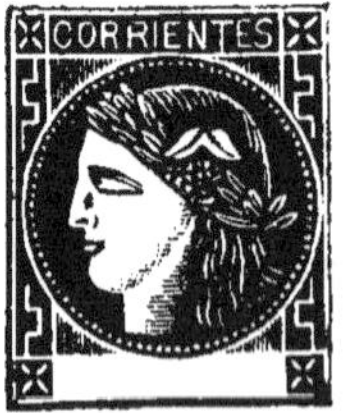

1.	1 real M. C. bleu...	15f »	» »

		Neufs.	Oblitér.
2.	Sans valeur bleu...	6f »	» »
3.	» vert...	5f »	» »
4.	» vert bleu	5f »	» »

Nota. Les feuilles sont composées de 8 timbres de types différents.

COSTA-RICA.

1863. *Une baie, navire, etc., coul. sur blanc, non dentelés.*

1.	1/2 real bleu......	» »	3f »
2.	2 » rouge.....	» »	3f »

Les mêmes, dentelés.

3.	1/2 real bleu......	1f »	» »
4.	2 » rouge.....	2f »	1f »
5.	4 » vert......	5f »	3f »
6.	1 peso orangé....	8f »	4f »

CUBA.

1855. *Reine d'Espagne, couleur sur bleuté, boucles en filigrane.*

1.	1/2 real pl. vert noir	» »	1f »
2.	1/2 » verdâtre	» »	» 50
3.	1/2 » vert bleu	» »	» 50
4.	1 » vert...	1f »	» 50
5.	1 » vert jaune	» »	» 50
6.	2 » carmin.	2f »	» 75
7.	2 r. Y 1/4 carmin.	» »	3f »
8.	2 r. Y 1/4 carmin.	» »	3f »

1856. *Mêmes timbres, papier mi-blanc, lignes droites croisées en filigrane.*

9.	1/2 real pl. jaunâtre	» »	» 50
10.	1/2 » vert bleu	» »	» 50
11.	1 » vert....	» »	» 50
12.	1 » vert jaune	» »	» 50
13.	2 » rouge pâle	» »	5f »

1857. *Mêmes timbres, papier blanc.*

14.	1/2 real pl. bleu vert	» »	» 50
15.	1/2 » bleu....	» 50	» 25
16.	1/2 » bleu pâle	» »	» 25
17.	1/2 » bleu (type différ.)	» »	3f »
18.	1 » vert jaune	» »	» 50
19.	1 » vert....	» »	» 25
20.	1 » vert clair	» »	» 25
21.	1 » vert (type différ.)	» »	3f »
22.	2 » rouge..	» »	2f »
23.	2 r. Y 1/4 rouge..	1f50	» »

Type semblable aux Espagne 1860.

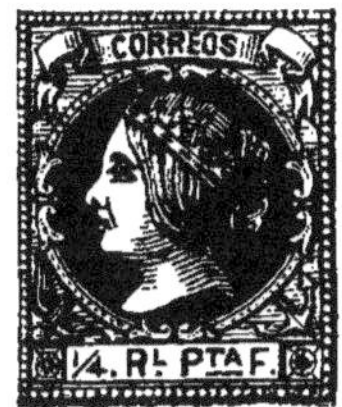

	Neufs.	Oblitér.
24. 1/2 real pl. noir s. bl.	» 75	» »

1864. *Reine, type semblable aux Espagne* 1864.

	Neufs.	Oblitér.
25. 1/4 real pl. noir sur jaune	» 50	» »
26. 1/2 » vert sur rose..	» »	» 25
27. 1 » bleu sur chair.	» »	» 30
28. 1 » bleu foncé s. chair	» »	» 50
29. 2 » rouge s. chair.	» »	1^f 50

1866. *Même type, millésime.*

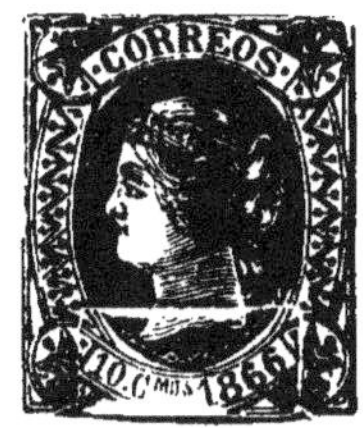

	Neufs.	Oblitér.
30. 5 cent. lilas.......	» »	» 50
31. 10 » bleu.......	» »	» 50
32. 20 » vert.......	» »	» 50
33. 40 » rose.......	» »	1^f 50

DANEMARK.

1851. *Chiffre, couleur sur blanc.*

	Neufs.	Oblitér.
1. 2 rigsb. bleu......	» 1^f	»

1851. *Armoiries* FIRE RSB *en bas.*

	Neufs.	Oblitér.
2. 4 rigsb. brun foncé	» »	» 25
3. 4 rigsb. brun.......	» »	» 25
4. 4 » brun jaune..	» »	» 25
5. 4 » brun (p. jaune)	» »	» 25

1851-53. *Même type, chiffre en bas, fond sablé.*

	Neufs.	Oblitér.
6. 2 skil. bleu.......	» 25	» »
7. 4 » brun.......	» »	» 25
8. 4 » brun clair..	» »	» 25
9. 8 » vert.......	1^f »	» 25
10. 16 » lilas.......	» »	» 25
11. 16 » lilas (dent.)	» »	» 50

1858. *Même type, fond ondulé.*

	Neufs.	Oblitér.
12. 4 skil. brun clair..	» »	» 25
13. 4 » brun........	» »	» 25
14. 4 » brun (dentelé)	» 50	» »
15. 8 » vert........	1^f »	» 50

1864. *Ovales, couleur sur blanc.*

	Neufs.	Oblitér.
16. 2 skil. bleu........	» 20	» 15
17. 3 » lilas........	» 25	» 15
18. 4 » rouge.......	» 25	» 15
19. 4 » rose........	» 25	» 15
20. 8 »	» »	» »
21. 16 » vert........	» 75	» 15

ENVELOPPES.

1864. *Relief et couleur sur blanc.*

	Neufs.	Oblitér.
22. 2 skil. bleu........	» 25	» »
23. 3 » lilas........	» 25	» »
24. 4 » rouge pâle..	» 30	» »
25. 4 » rouge (s. Sapr.		
26. le 4).....	» 30	» »
27. 8 »	» »	» »
28. 16 »	» »	» »

TIMBRES DE JOURNAUX.

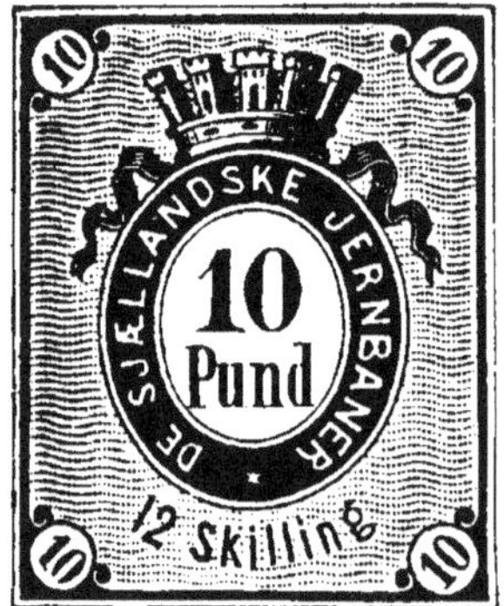

DEUX-SICILES.

1858. Naples, *trinacrie*.

				Neufs.		Oblitér.	
1.	1/2	grano	rose.....	2f	»	1f	»
2.	1/2	»	brun....	2f	»	1	»
3.	1	»	rose....	»	50	»	20
4.	1	»	brun....	»	50	»	20
5.	2	»	rose....	»	50	»	10
6.	2	»	brun....	»	50	»	10
7.	5	»	rose....	»	50	»	25
8.	5	»	brun....	»	50	»	25
9.	10	»	rose....	»	75	»	25
10.	10	»	brun....	»	75	»	25
11.	20	»	rose....	»	75	»	50
12.	20	»	brun....	»	75	»	50
13.	50	»	rose....	4f	»	3f	»
14.	50	»	brun....	4f	»	3f	»

1860. Gouvernement provisoire.

Même type.

15. 1/2 tornèse bleu... » » 30f »

Même gravure, avec croix de Savoie remplaçant la trinacrie.

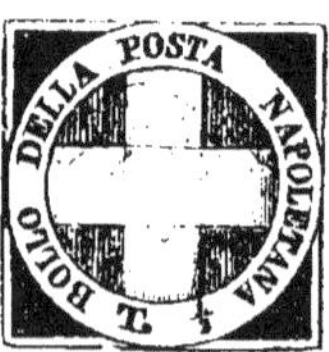

16. 1/2 tornèse bleu... » » 15f »

1861. Naples, province italienne.

Victor Emmanuel, relief et couleur.

				Neufs.		Oblitér.	
17.	1/2	torn.	vert foncé.	»	»	»	50
18.	1/2	»	vert......	»	25	»	»
19.	1/2	grano	bistre....	»	25	»	»
20.	1	»	noir.....	»	25	»	»
21.	2	»	bleu.....	»	25	»	»
22.	5	»	lilas.....	»	»	»	50
23.	5	»	rouge....	»	25	»	»
24.	10	»	jaune....	»	25	»	»
25.	20	»	citron....	»	50	»	»
26.	50	»	gris perle.	1f	»	»	»
27.	50	»	bleu.....	2f	»	»	»

1859. Sicile. *Ferdinand II.*

				Neufs.		Oblitér.	
28.	1/2	grano	orangé...	»	50	»	»
29.	1	»	vert olive	»	25	»	»
30.	1	»	vert brun.	»	50	»	»
31.	2	»	bleu pâle.	»	25	»	»
32.	2	»	bleu foncé	»	»	»	50
33.	5	»	vermillon	»	50	»	»
34.	5	»	carmin...	»	50	»	»
35.	5	»	rouge....	»	50	»	»
36.	10	»	bleu noir.	»	50	»	»
37.	10	»	bleu sur bleu...	»	50	»	»
38.	20	»	noir violet	»	50	»	»
39.	50	»	chocolat..	1f	»	»	»
40.	50	»	rouge brique....	1f	»	»	»

ESSAIS.

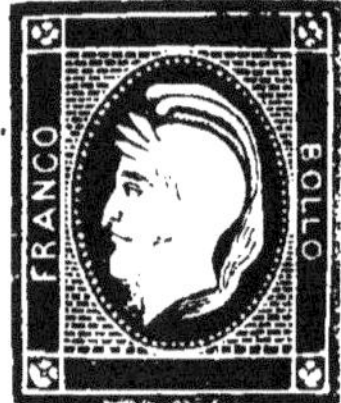

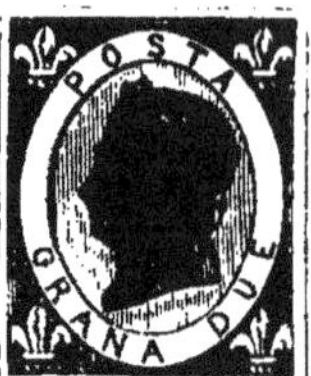

DOMINICAINE (RÉPUBLIQUE).

Écusson, drapeaux, cadre formé d'un filet droit.

1. 1 réal vert foncé.. » » » »

1866. *Le même, filet imitant le dentelé.*

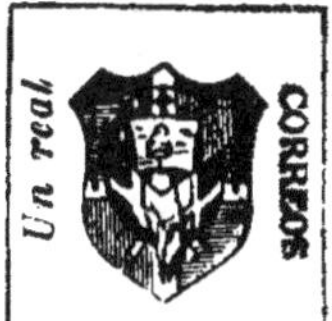

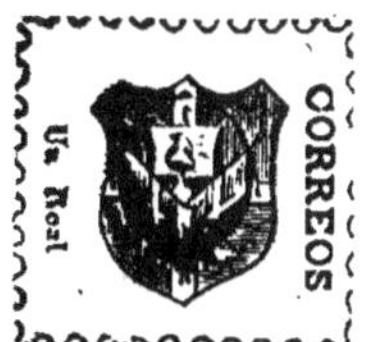

			Neufs.	Oblitér.
2. 1/2	real	vert clair.	» 75	» »
3. 1	»	brun.....	1f25	» »
4. 1	»	paille.....	1f25	» »

1866. *Même genre, plus long.*

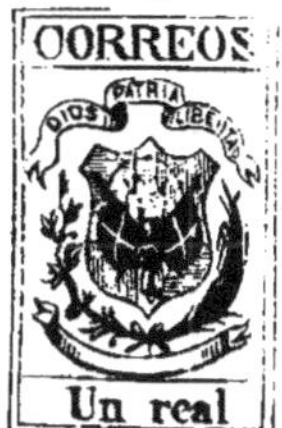

5. 1	real	vert clair.	1f25	» »

ÉGYPTE.

1866. *Ornements divers.*

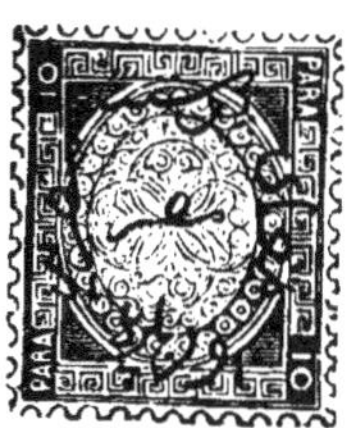

1. 5	paras	vert.......	» 25	» »
2. 10	»	brun......	» 25	» »
3. 20	»	bleu......	» 25	» »
4. 1	piastre	violet.....	» 50	» »
5. 2	»	jaune.....	1f »	» 50
6. 5	»	rose......	2f »	1f »
7. 10	»	bleu foncé.	» »	1f »
8. 10	»	ardoise....	4f »	1f »

ESSAI.

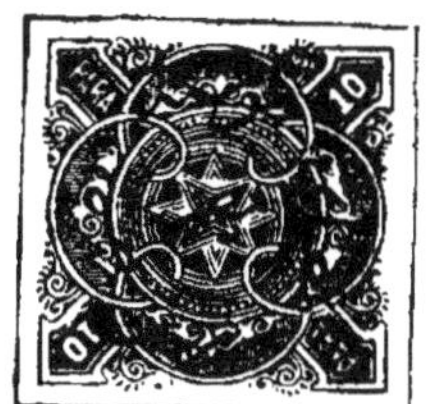

ÉQUATEUR.

1865. *Armoiries, couleur sur blanc.*

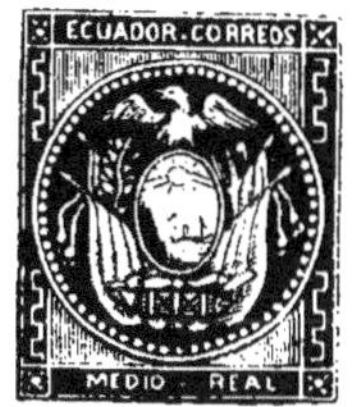

			Neufs.	Oblitér.
1. 1/2	réal	bleu.......	» 75	» 50
2. 1	»	jaune.....	» »	1f50
3. 1	»	vert.......	» »	1f »
4. 2	»	vert sur bleu	» »	1f50

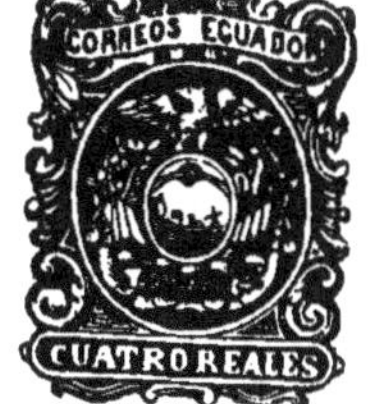

5. 4	»	rouge.....	4f »	» »

ESPAGNE.

1850. *Reine Isabelle, dans un carré, couleur sur blanc.*

1. 6	cuartos	noir.....	» »	» 25
2. 12	»	lilas.....	» »	5f »
3. 5	réales	rouge....	» »	2f »
4. 6	»	bleu.....	10f »	» »
5. 10	»	vert.....	» »	7f »

1851. *Même effigie dans un ovale.*

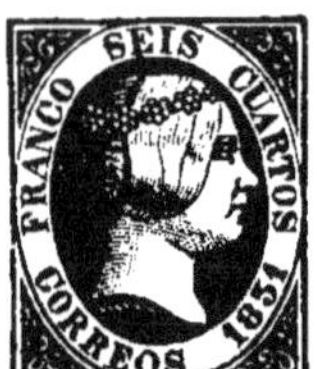

				Neufs.	Oblitér.
6.	6 cuartos	noir.....	»	»	» 25
7.	12 »	lilas.....	»	»	5f »
8.	2 réales	orangé...	»	»	10f »
9.	5 »	rose.....	»	»	2f 50
10.	6 »	bleu.....	»	»	10f »
11.	10 »	vert.....	»	»	10f »

1852. *Même effigie, dans un rond.*

12.	6 cuartos	rose.....	»	»	» 25
13.	6 »	rose pâle.	»	»	» 25
14.	12 »	lilas.....	»	»	4f »
15.	12 »	brun.....	»	»	4f »
16.	2 réales	orangé...	»	»	10f »
17.	5 »	vert.....	»	»	2f »
18.	6 »	vert bleu.	»	»	10f »

1852-53. *Ours montant sur un arbre.*

19.	1 cuartos	bronzé...	»	»	7f »
20.	3 »	bronzé...	»	»	15f »

1853. *Même effigie, dans un ovale.*

21.	6 cuartos	rose.....	»	»	» 25
22.	12 »	violet....	»	»	4f »
23.	2 réales	orangé...	»	»	10f »
24.	5 »	vert.....	»	»	2f »
25.	6 »	bleu.....	»	»	10f »

1854. *Armes.*

26.	2 cuartos	vert......	»	»	8f »
27.	4 »	carmin...	»	»	» 25
28. 29.	4 »	carmin sur bleuté..	»	»	» 26
30.	6 »	carmin...	»	»	» 25
31.	1 réal	noir bleu.	»	»	3f »
32.	1 »	bleu pâle.	»	»	3f »
33.	2 »	rouge....	»	»	2f »
34.	5 »	vert.....	»	»	2f »
35.	6 »	bleu.....	»	»	10f »

1855. *Reine dans un rond perlé, papier bleuté, boucles en filigrane.*

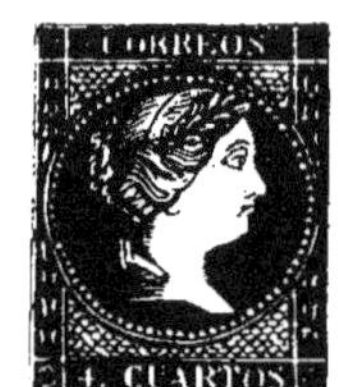

				Neufs.	Oblitér.
36.	2 cuartos	vert......	»	»	2f »
37.	4 »	rouge....	»	»	» 25
38.	4 »	brun.....	»	»	» 25
39. 40.	4 »	rouge(lithographié)	»	»	2f »
41.	1 réal	bleu.....	»	»	1f »
42.	2 »	brun.....	»	»	» 50
43.	2 »	violet....	»	»	» 50

1856. *Mêmes timbres, papier blanc vergé, lignes droites croisées, en filigrane.*

44.	2 cuartos	vert......	»	»	3f »
45.	4 »	rouge....	»	»	» 25
46.	1 réal	bleu.....	»	»	4f »
47.	2 »	violet....	»	»	» 25
48.	2 »	brun.....	»	»	» 25

1857. *Mêmes timbres, papier blanc uni.*

49.	2 cuartos	vert......	»	»	1f »
50.	2 »	vert clair.	»	»	1f »
51.	4 »	rose pâle	»	»	» 10
52.	4 »	rose vif..	»	»	» 25
53.	12 »	orangé...	5f »	»	»
54.	1 réal	bleu.....	»	»	1f »
55.	2 »	violet....	»	»	» 50

1860. *Même effigie,* CORREOS *en haut.*

56.	2 cuartos	vert......	»	»	» 50
57.	4 »	jaune....	» 25	»	05
58.	4 »	orangé...	» 25	»	10
59.	12 »	rouge foncé	»	»	» 10
60.	12 »	rouge....	»	»	» 65
61.	19 »	brun.....	»	»	3f »
62.	1 réal	bleu.....	»	»	» 25
63.	2 »	violet....	»	»	» 25
64.	2 »	lilas.....	»	»	» 25

1862. *Même effigie,* ESPANA *en haut.*

			Neufs.	Oblitér.
65.	2 cuartos	bleu s. jaune	» »	» 25
66.	2 »	bleu s. jaune		
67.		foncé ..	» »	» 25
68.	4 »	brun foncé	» »	» 10
69.	4 »	brun clair	» »	» 10
70.	12 »	bleu	» »	» 05
71.	12 »	bleu pâle.	» »	» 05
72.	19 »	carmin s. bleuté.	1f50	» »
73.	19 »	carmin s. blanc.	1f50	» 75
74.	1 réal	brun sur jaune..	» »	» 50
75.	2 »	vert foncé	» »	» 50
76.	2 »	vert clair.	» »	» 50

1864. *Même effigie, millésime.*

77.	2 cuartos	bleu sur mauve.	» 25	» »
78.	4 »	rouge sur chair..	» 25	» 10
79.	12 »	vert s. rosé	» »	» 10
80.	19 »	violet sur rose...	1f50	» 75
81.	1 réal	brun sur vert...	» »	» 50
82.	2 »	bleu sur rose...	1f25	» 25

1865. *Même effigie.*

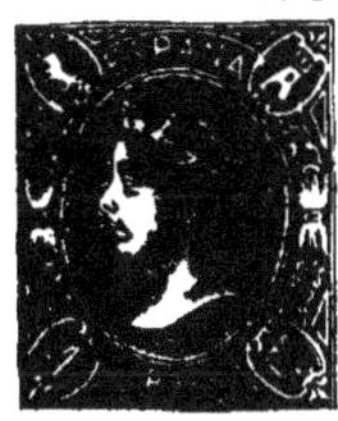

83.	2 cuartos	rose......	» 25	» »
84.	4 »	bleu.....	» 50	» »
85.	12 »	bleu et rose	» »	» 10
86.	19 »	brun et rose	1f25	» 75
87.	1 réal	vert......	» 75	» »
88.	2 »	violet....	1f »	» »

1865. *Mêmes timbres, dentelés.*

			Neufs.	Oblitér.
89.	2 cuartos	rose......	» 25	» »
90.	4 »	bleu.....	» 50	» »
91.	12 »	bleu et rose	» »	» 10
92.	19 cuartos	brun et rose	1f25	» 75
93.	1 »	vert.....	» 75	» »
94.	2 »	violet....	1f »	» »

1866. *Même effigie, dentelés.*

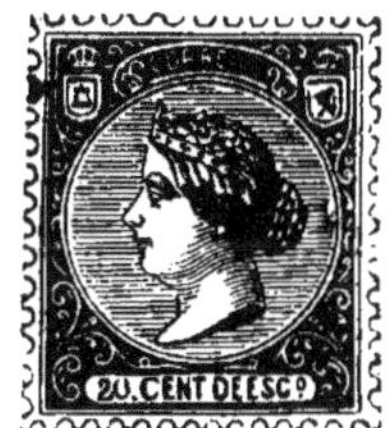

95.	2 cuartos	rose......	» 25	» »
96.	4 »	bleu.....	» 25	» »
97.	12 »	orangé...	» 75	» »
98.	19 »	brun.....	1f »	» 50
99.	10 cent.	vert......	» 75	» »
100.	20 »	lilas.....	1f »	» »

1866. *Type de 1864.*

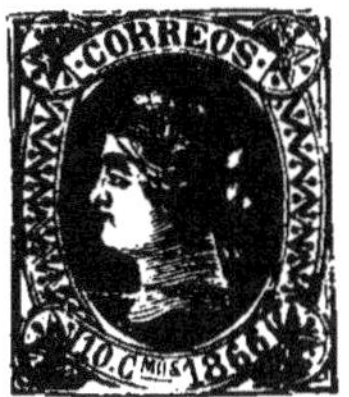

101. 20 cent. lilas.... 1f » » »

CORRESPONDANCE OFFICIELLE.

1854. *Armes dans un carré, noir sur couleur.*

102.	1/2 onza	jaune....	» 25	» »
103.	1 »	rose.....	» 25	» »
104.	4 »	vert.....	» 25	» »
105.	1 libra	lilas bleu	» 50	» »

1855. *Armes dans un ovale.*

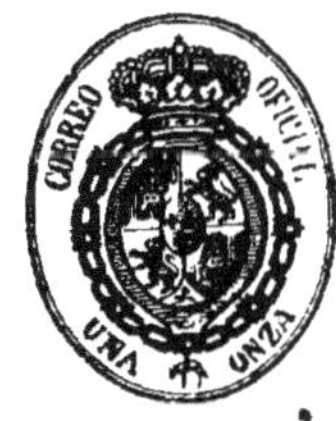

106. 1/2 onza jaune.... » 25 » »

		Neufs.	Oblitér.
107.	1/2 onza paille	» 25	» 10
108.	1 » rose......	» 25	» »
109.	1 » rose pâle.	» 25	» 10
110.	4 » vert......	» 50	» 25
111.	4 » vert d'eau	» 50	» »
112.	1 libra bleu.....	» 75	» 25
113.	1 » lilas......	» 75	» 25

Même type lithographié.

		Neufs.	Oblitér.
114.	1 onza rose.......	» »	» 50

TIMBRE DU CONGRÈS.

Grand ovale, armes, imprimé à main.

		Neufs.	Oblitér.
115.	Noir s. pap. blanc.	» »	» »

TIMBRE DE CONGRÈS.

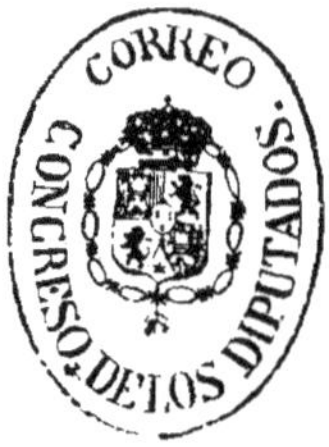

TIMBRE DE TÉLÉGRAPHE.

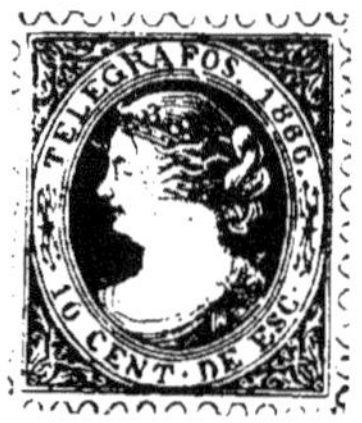

ÉTATS CONFÉDÉRÉS D'AMÉRIQUE (SUD).

1862. *Effigies diverses, couleur sur blanc. Petite dimension, carrés.*

		Neufs.	Oblitér.
1.	1 cent. orange (Colquhoun...	15f »	» »
2.	5 » bleu (Jef. Davis....	» 50	» 25
3.	5 » bleu pâle (J. Davis).	» 50	» 25
4.	5 » bleu pâle (pap. grenu)	» 50	» 25

Grande dimension.

		Neufs.	Oblitér.
5.	2 cents vert (Andr. Jackson).	5f »	» »
6.	5 » bleu (Jeffers. Davis) ...	4f »	» »
7.	5 » bleu pâle (J. Davis) ...	3f »	» »
8.	5 » vert (Jeff. Davis...	3f »	» »
9.	5 cents vert foncé (J. Davis.)	3f »	» »
10.	10 » rose (Th. Davis)....	» »	10f »
11.	10 » bleu (Th. Davis)....	5f »	» »

Moyenne dimension.

		Neufs.	Oblitér.
12.	2 cents lie de vin (Jackson).	» 25	» »
13.	10 » bleu (J. Davis, profil).	» 75	» »
14.	10 » bleu clair (J. Davis).	» 50	» 25
15.	10 » bleu très-foncé (J. Davis)...	» 75	» »
16.	ten cents bleu (J. Davis, profil).	» »	10f »
17.	20 » vert (Washington)	1f50	» »
18.	20 » vert jaune (Wasing.)	1f50	» »

OFFICES PARTICULIERS.

		Neufs.	Oblitér.
19.	Baton rouge, 5 cents rose..	» 25	» »
20.	Charleston 5c. bleu.	» 25	» »
21.	» 5 c. violet	» 25	» »
22.	» 5 c brun.	» 25	» »
23.	Memphis 2 c. bleu.	» 25	» »
24.	» 5 c. rouge	» 25	» »
25.	Mobile 5 c. bleu.	» 25	» »
26.	Nashville 5 c. gris-lilas.	» 25	» »
27.	» 5c. rose sur lilas.	» 25	» »
28.	» 10 c. lilas..	» 25	» »
29.	N.-Orléans 2 c. bleu.	» 25	» »
30.	» 2 c. rouge	» 25	» »
31.	» 5 c. brun.	» 25	» »
32.	» 5 c. brun sur bleu...	» 25	» »
33.	Richemond (chiffre) 1 c. noir..	» 25	» »
34.	» 2 c. rose....	» 25	» »
35.	» 5 c. brun...	» 25	» »
36.	» 10 c. bleu ...	» 25	» »
37.	» 15 c. vert...	» 25	» »
38.	» 20 c. rouge..	» 25	» »
39.	Richemond (drapeau) 5 c. vert ...	» 25	» »
40.	» 5 c. jaune..	» 25	» »

		Neufs.	Oblitér.
41.	Richem. 5 c. rouge..	» 25	» »
42.	» 5 c. bleu...	» 25	» »

ÉTATS ROMAINS.

1852. *Clés, noir sur couleur.*

1.	1/2 baj.	gris......	» »	» 75
2.	1/2 »	violet....	» 15	» »
3.	1/2 »	violet clair	» 10	» »
4.	1 »	vert clair.	» 15	» 10
5.	1 »	vert d'eau	» 15	» 10
6.	2 »	vert jaune	» 25	» 10
7.	2 »	vert foncé	» 25	» 10
8.	3 »	brun.....	» 25	» 10
9.	4 »	brun....	» »	» 50
10.	4 »	jaune....	» »	» 25
11.	4 »	paille....	» 40	» 10
12.	5 »	rose pâle.	» 40	» 10
13.	5 »	rose.....	» »	» 15
14.	6 »	gris......	» 50	» 10
15.	6 »	gris perle	» 50	» 10
16.	7 »	bleu.....	» 50	» 10
17.	8 »	blanc....	» 75	» 05

Grande dimension, couleur sur blanc.

18.	50 baj.	bleu......	4f »	1f »
19.	50 »	bleu foncé	4f »	1f »
20.	1 scudo	rouge....	6f50	2f »

ÉTATS-UNIS D'AMÉRIQUE (Nord).

1847. *Effigie, couleur sur blanc ou bleu.*

1.	5 cent.	brun foncé sur bleu..	» »	1f50
2.	5 »	brun clair sur bleu.	» »	1f »
3.	5 »	brun sur blanc...	2f »	1f »
4.	10 »	noir s. bleu	» »	2f »
5.	10 »	noir sur blanc...	3f »	2f »

Grande dimension.

6.	5 cent.	noir s. bleu	» »	6f »
7.	5 »	noir sur blanc...	» »	6f »

1860. *Petite dimension.*

8.	1 cent.	bleu (aigle)	» 50	» »
9.	1 »	gris (courrier)	3f »	» »
10.	1 »	rose (courrier)	5f »	» »

1855-60. *Effigies diverses,* US, *en haut, non dentelés.*

			Neufs.	Oblitér.
11.	1 cent.	bleu......	» »	» 25
12.	3 »	rouge.....	» »	» 25
13.	5 »	brun......	» »	» 25
14.	5 »	brun jaune	» »	» 25
15.	10 »	vert......	» »	» 25
16.	12 »	noir......	» »	» 25

Les mêmes, dentelés.

17.	1 cent.	bleu......	» 50	» 10
18.	1 »	bleu clair.	» »	» 10
19.	3 »	rouge.....	» »	» 10
20.	3 »	rouge pâle	» 50	» 10
21.	5 »	brun......	» 50	» 25
22.	5 »	brun jaune	» »	» 50
23.	10 »	vert......	» 75	» 05
24.	12 »	noir......	1f »	» 25
25.	24 »	lilas......	2f »	» 25
26.	30 »	orange....	2f50	» 50
27.	90 »	bleu foncé	7f »	» »

1861-66. *Effigies diverses,* US. *en bas.*

28.	1 cent.	bleu.......	» 10	» 05
29.	1 »	bleu clair.	» »	» 05
30.	2 »	noir	» 20	» »
31.	3 »	rouge.....	» »	» 05
32.	3 »	rose.......	» »	» 25
33.	5 »	brun jaune	» »	» 25
34.	5 »	brun......	» »	» 10
35.	10 »	vert......	» »	» 05
36.	12 »	noir......	» »	» 15
37.	15 »	noir (Lincoln)...	1f25	» 25
38.	24 »	lilas......	» »	» 25
39.	24 »	violet.....	» »	» 25
40.	30 »	jaune.....	» »	» 25
41.	90 »	bleu......	6f »	» 50

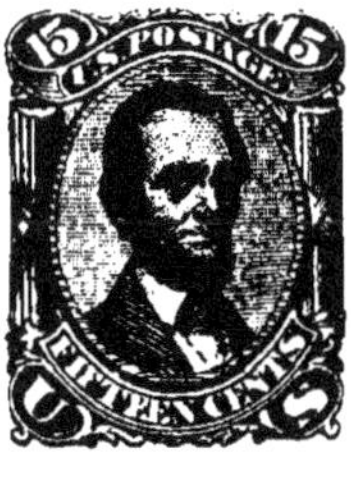

TIMBRES DE JOURNAUX.

1865. *Très-grand format, couleur sur blanc, dentelés.*

			Neufs.	Oblitér.
42.	5 cent.	bleu	1f »	» »
43.	10 »	vert	1f50	» »
44.	25 »	rouge.....	2f50	» »

ENVELOPPES.

1853. *Grandes, ovales, relief et couleur sur blanc, valeur en lettres.*

45.	3 cent.	rouge	2f »	» »
46.	6 »	vert	2f »	» »
47.	6 »	rouge.....	2f »	» »
48.	10 »	vert	2f50	» »

Les mêmes, papier jaune.

49.	3 cent.	rouge	2f »	» »
50.	6 »	vert	2f »	» »
51.	6 »	rouge.....	2f »	» »
52.	10 »	vert.......	2f50	» »

1860. *Même type, mais plus petit, papier blanc.*

53.	3 cent.	rouge	1f »	» »
54.	6 »	rouge	1f50	» »
55.	10 »	vert	2f »	» »
56.	4 »	(formé du 1 et du 3 c.)	1f50	» »

Les mêmes, papier jaune.

57.	1 cent.	bleu	» 15	» »
58.	1 »	bleu (papier brun)....	» 25	» »
59.	3 cent.	rouge	1f »	» »
60.	6 »	rouge.....	1f50	» »
61.	10 »	vert	2f »	» »
62.	4 »	(formé du 1 et du 3 c.)	1f50	» »

Même effigie, valeur en chiffres, papier blanc.

63.	3 cent.	rose.......	» 50	» »
64.	6 »	rose	» 75	» »
65.	10 »	vert	1f »	» »

Les mêmes, papier azuré.

66.	3 cent.	rose.......	1f50	» »
67.	6 »	rose	1f50	» »

Les mêmes, papier jaune.

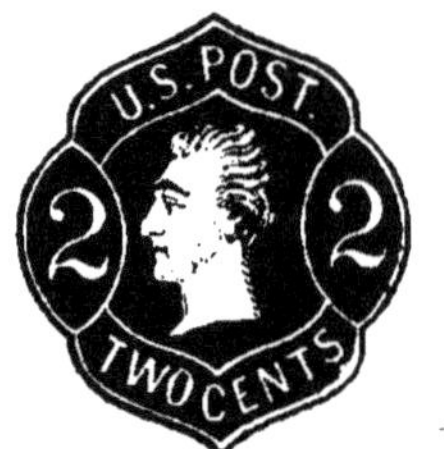

			Neufs.	Oblitér.
68.	2 cent.	noir.......	» 25	» »
69.	2 »	noir (p. br.)	» 25	» »
70.	2 »	noir (avec U.S. POST) ...	» 25	» »
71.	3 »	rose	1f »	» »
72.	6 »	rose	1f »	» »
73.	10 »	vert......	1f »	» »
74.	12 »	brun et rouge...	1f25	» »
75.	20 »	bleu et rouge...	2f »	» »
76.	24 »	vert et rouge	2f50	» »
77.	40 »	noir et rouge	4f »	» »

1865. *Effigie de Washington, chiffres et lettre de grande dimension, papier blanc.*

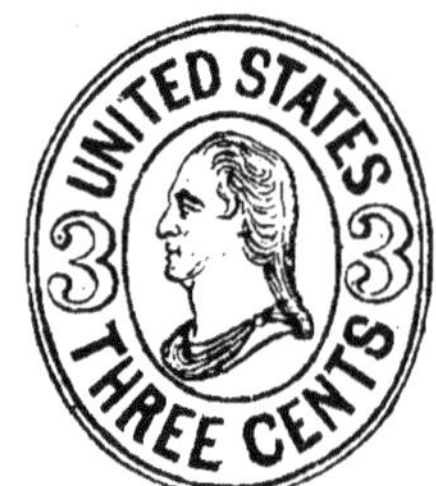

78.	3 cent.	rose.......	» 75	» »
79.	3 »	brun......	» 50	» »
80.	6 »	rose	1f »	» »
81.	6 »	violet.....	» 75	» »

Même type, papier jaune.

82.	3 cent.	rose.......	» 75	» »
83.	3 »	brun......	» 50	» »
84.	6 »	rose	1f »	» »
85.	6 »	violet.....	» 75	» »
86.	9 »	jaune.....	1f »	» »
87.	12 »	brun......	1f25	» »

		Neufs.	Oblitér.		
88. 18 cents rouge.....		2f	»	»	»
89. 24 » bleu......		2f	»	»	»
90. 30 » vert......		2f 50	»	»	»
91. 40 » rose......		3f 25	»	»	»

TIMBRES-POSTE MONNAIE.

1862. *Timbres-poste imprimés sur billets de banque.*

92. 5 cent. brun s. bist.	» 50	»	»	
93. 10 » vert s. blanc	1f	»	»	»
94. 25 » (5 timb. de 5 c.) brun s. bistre.	2f	»	»	»
95. 50 » (5 timb. de 10 c.) vert	4f	»	»	»

OFFICES PARTICULIERS.

1844.

American express company, postage two cents. Paid.

Neufs.

1. Vert.................... » 10

American express comp. UTICA; *drapeau.*

2. Rouge et bleu........... » 25

American letter mail C°. 20 for a dollar, aigle.

3. Noir.................... » 25

Arthur's city express, carré.

4. Noir sur blanc.......... » 10
5. » jaune.......... » 10
6. » rouge.......... » 10
7. » vert........... » 10

8 th Avenue, post office paid.

8. Rouge.................. » 10

Baltimore Adam express company, enveloppe.

9. Vert sur jaune.......... » 25

Bank et insurance letter, city post, 50 **William**, ST. (*boite à lettres*).

10. Noir.................. » 15
11. Noir sur jaune.......... » 10
12. Rouge.................. » 10

Même type (basement).

13. Rouge.................. » 10

Même type, 82 Broadway.

Neufs.

14. Rouge.................. » 10
15. Noir.................... » 10

Même genre (pérystille), 50 **William**, ST.

16. Bleu.................... » 10

Idem, 82 Broadway.

17. Bleu.................... » 10

Barrs', penny, dispatch.

18. Rouge.................. » 10
19. Noir sur vert............ » 10

Blood's et C°, All letters, off except a bag, rond.

20. Noir.................... » 10

Blood's, dispatch, enveloppe, for Philada, delivery pre paid, rond, relief.

21. Rouge.................. » 10

Blood's, one cent, dispatch, petit.

22. Doré sur noir........... » 10

Même genre, post office, petit.

23. Doré sur noir........... » 10

Blood's dispatch, paid (colombe), ovales.

24. Noir.................... » 10
25. Noir sur vert............ » 10
26. Or sur bleu............ » 10

Blood's, penny-post, Kochesperger et C°, Philada, ovale, effigie.

27. Noir.................... » 25

Mêmes inscriptions, carré, effigie.

28. Noir.................... » 25

Blood's, penny post, Philada, petit.

29. Or sur gris............. » 10
30. Or sur noir............. » 10
31. Or sur bleu............ » 10
32. Bleu sur gris........... » 10
33. Bleu sur rouge.......... » 10

D.O. *Blood et Cos (homme marchant sur les toits).*

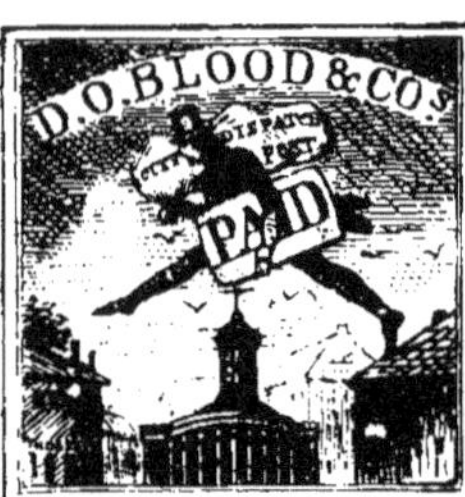

	Neufs.
34. Noir	» 25

Le même, avec CITY DESPATCH.

35. Noir	» 25

Le même, sans l'inscription Blood, etc.

36. Noir	» 25

Bouton's (effigie), rough and ready, 2 cents, city dispatch post.

37. Noir	» 25

Boyce's city express post, 2 cents, ovale.

38. Vert	» 10

Boyd's city express post, 2 cents (aigle), ovale.

39. Rouge	» 10
40. Doré	» 10

Même genre.

41. 1 cent noir sur violet	» 10
42. 1 » » bleu	» 10
43. 1 » » vert	» 10
44. 2 » » vert	» 10
45. 2 » vert sur blanc	» 10
46. 2 » doré sur blanc	» 10
47. 3 » vert	» 10

Même genre.

	Neufs.
48. 1 cent noir sur lilas	» 10
49. 1 » » vert	» 10
50. 1 » » violet	» 10
51. 2 » noir sur rouge	» 10
52. 2 » » vermillon	» 10
53. 2 » doré sur carmin	» 10
54. 2 » » blanc	» 10
55. 2 cents » vert	» 10
56. 2 » » rouge	» 10
57. 2 » » rose	» 10
58. 2 » » bleu	» 10

Boyd's city post, 39 Fulton str (aigle) ovale, relief, enveloppes.

59. Rouge	» 25
60. Bleu	» 25

Brady et Co, one cent (boîte à lettres).

61. Rouge	» 10

Brainard et Co, Albany. — TROY N.Y. 58 *Wall. st. rond.*

62. Noir	» 10
63. Bleu	» 10

C. et W. Bridge dispatch.

64. Doré sur jaune	» 10
65. » rouge	» 10
66. » vert	» 10

Briggs' paid dispatch, petit.

67. Doré sur rose	» 10

Broadway post office (locomotive).

68. Noir	» 25

Brooklyn city exp. post (colombe), ovale.

69. 1 cent noir sur bleu	» 10
70. 1 » » vert	» 10
71. 2 » » ponceau	» 10
72. 2 » » rose	» 10

Brown et Cos, city post cents (grand chiffre).

73. 1 cent noir sur blanc	» 15
74. 2 » » »	» 15

Brown et Gill's, U. S. P. O. *dispatch (aigle).*

75. Bleu	» 15

Carrier's dispatch, one cent (œil).

76. Rose	» 15
77. Rouge	» 15
78. Bleu	» 15

G. Carters paid dispatch (petit).

79. Noir	» 15

Central fair postage **U. S.,** *sanitary commission (grand aigle).*

Neufs.

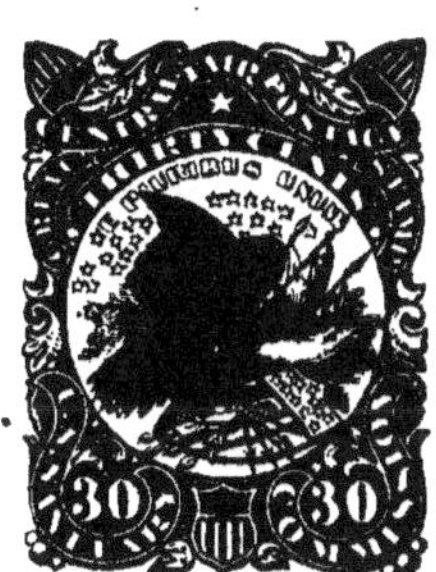

80. 10 cent bleu........... 1f »
81. 20 » vert........... 1f »
82. 30 » noir........... 1f »

Central post-office.

83. 1 cent brun........... » 10

Cheever et Towle, 7 State st. BOSTON *(lettres éparpillées), rond.*

84. 2 cents bleu........... » 25
85. 2 » rouge........... » 25

Chicago penny post (ruche).

86. Jaune........... » 25

City dispatch one cent delivery (Justice).

87. Noir........... » 25

City dispatch, post C. C. two. cents (effigie).

88. Rose........... » 25
89. Vert........... » 25

City letter express mail (écusson).

90. 1 cent rouge........... » 25

City post express (grand chiffre).

91. 1 cent rouge........... » 25

City Winans' post (bombe ailée).

92. 2 cents blanc........... » 25
93. 5 » jaune........... » 25
94. 10 » vert........... » 25
95. 20 » rouge........... » 25

Clark et Co (boite à lettres).

96. 1 cent rose........... » 10
97. 1 » bleu........... » 10

Neufs.

Clinton's penny post. Philadelphia.

98. Noir........... » 10

Comp. franco-américaine Gautier (vaisseau).

99. Lie de vin........... » 15

Cornwell post-office. Madison sq. (effigie).

100. Rose........... » 25

Cresman et Cos penny post. Philad.

101. Doré sur noir........... » 10
102. Doré sur rose........... » 10

Cumming's city post.

103. 2 cents noir........... » 10

De Ming's penny post Frankford, petit.

104. Noir........... » 10
105. Brun........... » 10

Dupuy et Schenck (ruche) penny post.

106. Noir sur gris........... » 25

Eagle city post paid 80 Chemut st.

107. Noir........... » 10

« Eagle city post. » Letters, etc., served four time daily, from Adam Express, etc., etc. (petit oblong).

108. Noir sur jaune........... » 10

East river P. O. (bateau à vapeur), 18 Ave D.

109. Vert........... » 25

Essex letter express 2 cents (navire).

110. Rouge........... » 25

Le même, avec S. X.

111. Rouge........... » 25

Florida (homme à cheval), express.

112. Chamois........... » 25
113. Bleu........... » 25
114. Rose........... » 25

Floyd's (effigie), penny post.

115. Noir........... » 15
116. Brun........... » 15

	Neufs.
117. Rouge	» 15
118. Rose	» 15
119. Bleu	» 15
120. Vert	» 15

Grafflin's (Baltimore), colonne.

121. 1 cent noir	» 15
122. 1 » rouge	» 15

Gordon's (facteur), rond, petit.

123. 2 cents vert	» 15
124. 2 » blanc	» 15
125. 2 » rouge	» 15
126. 2 » or sur blanc	» 15
127. 2 » or sur rouge	» 15

Hale et Co Boston (lettres éparpillées), octog.

128. Bleu	» 25
129. Rouge	» 25

Le même, sans adresse.

130. Bleu	» 25
131. Rouge	» 25

Handford's pony express (courrier à cheval).

132. 2 cents jaune	» 25

Harden's express Boston, New-Orléans (homme enjambant une contrée), rond.

133. Noir	» 25
134. Rouge	» 25

Hanley's express post.

135. 1 cent vert	» 10
136. 1 » noir	» 10

Honour's city post paid (chaînes), petit.

137. Noir	» 10
138. Bleu sur gris	» 10

Le même, cadre de perles, 2 cents.

139. Gris	» 10

Hourly express post, letter, stamp., losange.

140. Vert	» 15
141. Bleu	» 15

Humboldt, express, Nevada territory, 25 cents (diligence).

	Neufs.
142. Rouge	1f »

Hussey's bank et insurance special message post. 1 cent delivery.

143. Bleu	» 10
144. Noir	» 10
145. Brun	» 10
146. Lilas	» 10
147. Rouge	» 10
148. Jaune	» 10
149. Vert	» 10

Même genre, one stamp. or cent, etc.

150. Rouge	» 10

Hussey's s. m. post. (Mercure sur un cheval).

151. 5 cent noir sur rouge	» 25
152. 10 » or sur vert	» 25
153. 15 » or sur noir	» 25
154. 25 » or sur bleu	» 25

International express.

155. 2 cents noir sur chair	» 10

Mr Intires, city express post (mercure).

156. 2 cent rose	» 25

Jenkin's Cambden dispatch (effigie).

157. Noir	» 10
158. Rouge	» 10
159. Bleu	» 10
160. Vert	» 10

Kers city post (effigie).

161 2 cents bleu	» 10
162. 2 » rouge	» 10
163. 5 » bleu	» 10
164. 5 » rouge	» 10

Ker's city post (armes).

165. 1 penny vert	» 10
166. 3 » orange	» 10

Ker's city post.

167. 1 penny bleu	» 10
168. 1 » rouge	» 10
169. 1 » vert	» 10
170. 3 » rose	» 10

Letter express free (déesse du commerce).

Neufs.

171. Gris... .... » 25

Lincoln. Subscription. (Effigie de Lincoln).

172. 2 cents rouge.... ...... » 10
173. 3 » vert............ » 10
174. 4 » rose........... » 10
175. 5 » bleu........... » 10
176. 10 » jaune.......... » 10
177. 12 » bleu........... » 10

Menant et C° express post, 21 conti street.

178. Rouge................. » 10

Messenkopes union square post off. (fontaine).

179. Vert.................. » 10

Metropolitan. Errard et Carrier (écusson).

180. 1 cent bleu........... » 25
181. 5 » » .... » 50
182. 10 » » .... » 50
183. 20 » » .... » 50
184. 1 » brun.......... » 25
185. 5 » » .... » 50
186. 10 » » .... » 50
187. 20 » » .... » 50

Même genre, enveloppe en relief.

188. 2 cents rouge sur jaune. » 25

Metropolitan P. O. 13 american Bible house, relief.

189. Bleu.................. » 25
190. Rouge................. » 25
191. Brun.................. » 25

Metropolitan P. O express to mail one cent, écusson en relief.

192. Rouge........... .. .. » 25
193. Bleu.................. » 25

G. A. Mills free dispatch post.

194. Vert......... .... » 10

Money Package, american express from kilburn city Wis.

195. Rouge...... .... » 10

Mood's penny dispatch, Chicago.

Neufs.

196. Rouge................ » 10

New-Jersey express C° (tête de cheval), ovale relief.

197. Vert sur jaune.......... » 25

One cent dispatch Washington (courrier moyen âge).

198. Rouge. .... » 25
199. Bleu.................. » 25
200. Violet................ » 25

Le même sans Washington.

201. Rouge . ... » 25
202. Bleu.................. » 25
203. Violet................ » 25

Paid eagle post at Adams express, petit.

204. Rouge................ » 10
205. Bleu................. » 10

Pomeroys (buste de femme).

206. Noir............ ...... » 25
207. Bleu............. ... » 25
208. Jaune.... .... » 25
209. Brun........... ...... » 25

Post office, one cent dispatch, petit.

210. Bleu................. » 10
211. Rouge................ » 10
212. Bronze.. .... » 10

Price city express (buste).

213. Rouge............... . » 25
214. Vert. .... » 25

Le même, plus petit.

215. Rouge..... .... » 25
216. Vert................. » 25

Priest's paid dispatch, petit.

217. Noir sur blanc.......... » 10
218. Jaune................. » 10
219. Rose.................. » 10
220. Bleu.................. » 10

Providence, ile de Rhodes.

221. Gris................. . » 25

Roadman's penny post (chaînes).

222. Rose......... .... » 10

Me *Robish et Co, Acapulco San Francisco line.*

Neufs.

223. 1 real bleu........ » 25
224. 1 » rouge........ » 25
225. 1 » vert........ » 25
226. 1 » doré........ » 25

Robison et Co, one cent (lettres).

227. Bleu........ » 15
228. Rouge........ » 15

Royal insurance Comp. (écusson en relief), ovale.

229. Bleu........ » 25

Russel post office, 8 th. AVE *(effigie).*

230. Jaune........ » 25
231. Bleu........ » 25
232. Rose........ » 25
233. Vert........ » 25
234. Vert sur vert........ » 25

Smith's city, express post, oblong.

235. 2 cents vert........ » 10

Même genre.

236. 2 » vert........ » 10

Souter et Co (colombe).

237. 1 » lilas........ » 10
238. 2 » rouge........ » 10

Spence et Browns express (cavalier).

239. Noir........ » 25

Squiers et Co city letter dispatch (colombe).

240. 1 cent vert........ » 15
241. 1 » lilas........ » 15
242. 1 » brun........ » 15
243. 1 » rose........ » 15
244. 2 » rouge........ » 15
245. 2 » vert........ » 15

W. Stait, etc., oblong.

246. Jaune........ » 10

Staten Island paid, expr. post. obl.

247. 3 cents rouge........ » 10

Steinmeyer's city post paid.

248. 2 cents bleu........ » 10

Neufs.

249. 2 cents vert........ » 10
250. 2 » rose........ » 10
251. 2 » jaune........ » 10

Stringer et Morton's city, oblong.

252. Brun........ » 10

SWARTS *dispatch (effigie).*

253. Noir........ » 15
254. Rouge........ » 15
255. Rose........ » 15

Même genre, plus grand.

256. Rouge........ » 25

SWARTS *for U. S. mail one cent pre paid.*

257. Bleu........ » 10

Tesse et Co penny post. Philada.

258. Bleu........ » 10
259. Rouge........ » 10
260. Bleu sur gris........ » 10

To the post office. Jonhson's box (ecusson).

261. Noir........ » 10

Union Square P. O.

262. 2 cents noir sur rose........ » 10

Même genre.

263. 1 cent noir sur vert........ » 10

U. S. Mail pre paid, rond.

264. 1 cent jaune........ » 10
265. 1 » brun........ » 10
266. 1 » rose........ » 10
267. 1 » jaune glacé........ » 10

U. S P. O. paid. 1 c., petit carré.

268. Noir........ » 10
269. Bleu........ » 10
270. Or sur noir........ » 10

U. S. P. O paid, L. 1 cent, P. petit carré.

271. Rose........ » 10

U. S. postage, grands ronds, coul. sur papier chamois.

272. 12 cents bleu........ » 50
273. 12 » rouge........ » 50

Neufs.

274. 12 cents vert............ » 50

275. 20 » bleu .... » 50

276. 20 » rouge.......... » 50

277. 20 » vert........... » 50

278. 24 » bleu .... » 50

279. 24 » rouge.......... » 50

280. 24 » vert .... » 50

281. 40 » bleu........... » 50

282. 40 » rouge.......... » 50

283. 40 » vert............ » 50

Utah-postage, octogone (effigie).

284. 5 cents rose............ » 25

Warwick's 2 cent city dispatch post.

285. Jaune................. » 10

286. Rouge................. » 10

Le même, avec chaînes.

287. 2 cents jaune........... » 10

Le même, filets.

288. 2 cents chair........... » 10

Wells fargo et C°, 1/2 oz. (jarretière) petit, rond.

289. 6 cents chair........... » 10

290. Bleu.................. » 10

Wells fargo et C°, one news paper, California routes, oblong.

291. Bleu.................. » 25

Wells fargo et C°, pony express (cavalier).

292. 1 dollar rose.......... 1f »

293. 2 » rose............. 1f »

294. 2 » noir............. 1f »

295. 2 » vert............. 1f »

296. 4 » vert............. 2f »

297. 4 » noir............. 2f »

Même genre.

298. 10 cents 1/2 oz. brun.... 1f »

299. 25 » vert bleu 1f »

Wells fargo et C°, grandes lettres traversées par: 1/2 ounce paid from San Joseph to Placeville per pony express

300. Rose.................. 2f »

Westervelt's post Chester N. Y.

301. Chair................. » 10

Whittleley's express (effigie).

Neufs. Oblitér.

302. 2 cents rouge........... » 15

W. Wyman 8 court st. (chemin de fer).

303. Noir.................... » 25

FINLANDE.

1845. *Grands ovales, lion,* Porto-Stampel. *imp. sur papier uni.*

1. 10 kop. rose...... 10f » » »

2. 20 » verdâtre.. 10f » » »

1856. *Ovales en largeur, lion, couleur sur blanc.*

3. 5 kop. bleu...... » » 5f »

4. 10 » rose...... » » 3f »

1860. *Carrés, lion, coul. sur papier teinté, dentelés.*

5. 5 kop. bleu...... » 75 » »

6. 5 » bleu foncé. » 75 » »

7. 10 » rose...... 1f » » »

8. 10 » rose vif... 1f » » »

1866. *Même type.*

9. 5 pens. brun s. lilas » 25 » »

10. 10 » noirs. cham. » 25 » »

2.

		Neufs.	Oblitér.
11.	20 pens. bleu......	» 50 »	»
12.	40 » rose......	1f »	» »

1866. *Ovale (pour Helsingfors).*

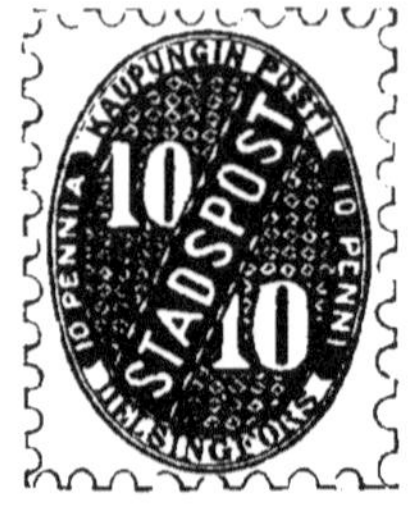

13.	10 pens vert et rose	» 25	» »

1866. *Ovale, pour Tammerfors.*

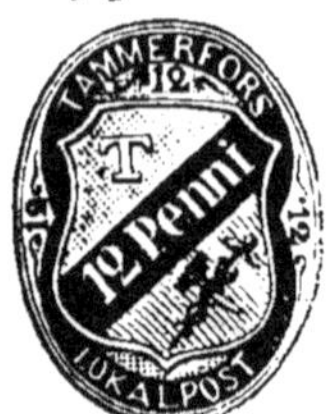

14.	12 pens vert et bleu	» 25	» »

ENVELOPPES.

1845. *Grand ovale,* Porto-Stampel.

15.	10 kop. rose......	» »	5f »
16.	20 » verdâtre...	» »	5f »

Les mêmes, réimprimés.

17.	10 kop. rose......	5f »	» »
18.	20 » noir......	5f »	» »

1850. *Ovale oblong, lion.*

19.	5 kop. bleu.......	5f »	3f »
20.	5 » bleu clair..	» »	3f »
21.	10 » rose.......	» »	1f »
22.	10 » rose clair..	» »	1f »
23.	20 » noir vert.....	5f »	» »

1860. *Carré, lion, fond ondulé.*

24.	5 kop. bleu foncé (ond. large)	» 50	» »
25.	5 » bleu cl. (ond. large).....	» 50	» »
26.	5 » bleu (ondul. serrées)...	1f »	» »
27.	10 » rose.......	1f »	» »

1860. *Enveloppes à deux timbres.*

		Neufs.	Oblitér.
28.	10 kop. de 1845 s. la patte et 10 k. actuel sur la face.	» »	» »
29.	20 kop. de 1845 s. la patte et 10 k. actuel sur la face.	» »	» »
30.	5 kop. de 1850 s. la patte et 5 k. actuel sur la face.	5f »	» »
31.	10 kop. de 1850 s. la patte et 5 k. actuel sur la face.	5f »	» »
32.	20 kop. de 1850 s. la patte et 10 k. actuel sur la face.	» »	» »

FRANCE.

1849-50. République. *Tête de Liberté.*

1.	10 cent. jaune......	» »	» 50
2.	10 » jaune bistre	2f »	» 50
3.	15 » vert........	» »	» 50
4.	20 » noir.......	1f »	» 05
5.	25 » bleu.......	» 75	» 05
6.	25 » bleu foncé..	» »	» 10
7.	40 » orangé.....	3f »	» 50
8.	1 franc rouge orangé	» »	12f »
9.	1 » carmin.....	4f »	» 50
10.	1 » brun.......	» »	» 50
11.	1 » brun tr.-foncé	» »	1f »

ESSAI.

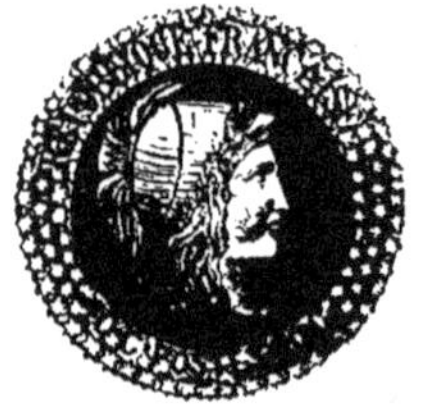

1852. Présidence.

12.	10 cent. jaune.....	» »	» 50
13.	25 » bleu......	» »	» 05

1853-64. Empire. *Non dentelés.*

14.	1 cent. olive........	» 10	» »
15.	5 » vert foncé...	» »	» 25
16.	5 » vert........	» »	» 10

		Neufs.	Oblitér.
17.	10 cent bistre......	» »	» 05
18.	10 » jaune.......	» »	» 10
19.	10 » jaune clair..	» »	» 10
20.	10 » jaune très-pâle.......	» »	» 10
21.	20 » bleu foncé...	» »	» 10
22.	20 » bleu pâle...	» »	» 05
23.	25 » bleu........	» »	» 25
24.	40 » rouge.......	» »	» 10
25.	40 » orange......	» »	» 05
26.	80 » carmin......	2f »	» 25
27.	80 » rose........	» »	» 10
28.	1 franc carmin......	» »	1f50

ESSAI.

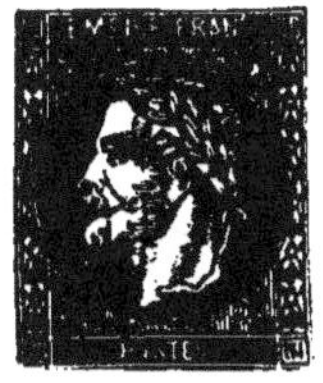

1862. *Les mêmes, dentelés.*

		Neufs.	Oblitér.
29.	1 cent. olive.......	» 05	» »
30.	5 » vert........	» 10	» 05
31.	5 » vert clair....	» 10	» 05
32.	10 » bistre.......	» 15	» 05
33.	10 » jaune.......	» 15	» 05
34.	20 » bleu........	» 20	» 05
35.	20 » bleu pâle...	» 20	» 05
36.	20 » bleu, 2 timbres tête bêche.......	» 50	» 25
37.	40 » orangé vif...	» 45	» 05
38.	40 » orangé pâle..	» 40	» 05
39.	80 » rose........	» 80	» 05

Réimpression des anciens timbres à la Monnaie de Paris.

RÉPUBLIQUE.

		Neufs.	Oblitér.
40.	10 cent. jaune......	3f »	» »
41.	15 » vert.......	3f »	» »
42.	20 » noir........	1f »	» »
43.	20 » bleu.......	3f »	» »
44.	25 » bleu.......	2f »	» »
45.	40 » orange.....	3f »	» »
46.	1 franc carmin.....	3f »	» »

PRÉSIDENCE.

		Neufs.	Oblitér.
47.	10 cent. jaune......	3f »	» »
48.	25 » bleu.......	3f »	» »

EMPIRE.

		Neufs.	Oblitér.
49.	25 cent. bleu.......	3f »	» »
50.	1 franc carmin.....	4f »	» »

1863. *Effigie laurée de l'empereur.*

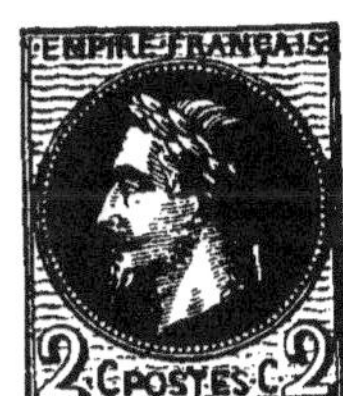

		Neufs.	Oblitér.
51.	2 cent. marron.....	» 05	» »
52.	4 » gris perle...	» 10	» »
53.	4 » gris pâle....	» 05	» »

1866.

		Neufs.	Oblitér.
54.	30 cent...........	» 35	» 15
55.	1 franc..........	1f10	» 25

1859. CHIFFRES-TAXE.

		Neufs.	Oblitér.
56.	10 cent. noir (lithogr.)	» »	3f »
57.	10 » noir (typogr.)	» 25	» »
58.	15 » noir (typogr.)	» 25	» »

ESSAIS.

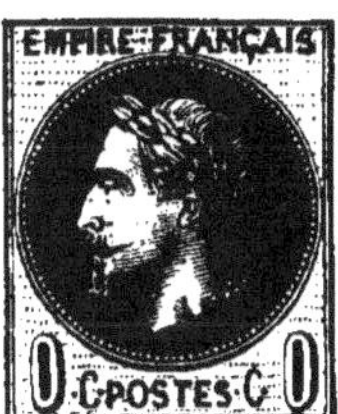

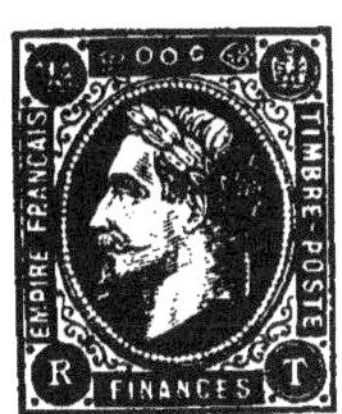

ESSAIS D'ENVELOPPES.

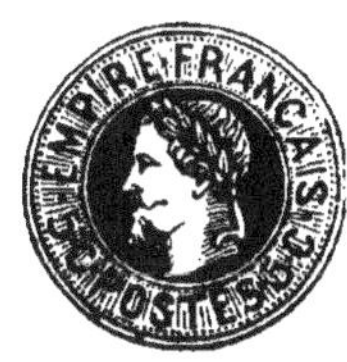

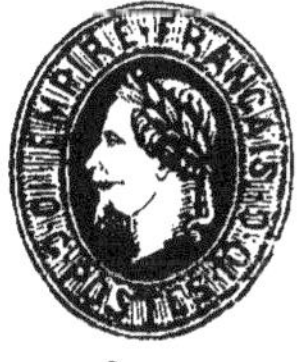

ESSAIS D'ENVELOPPES.

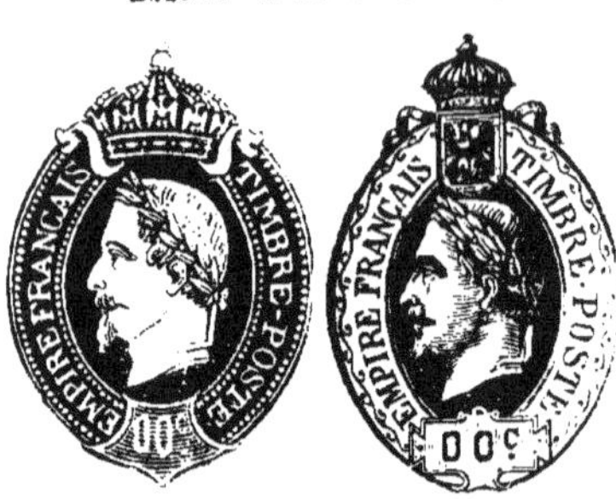

1857. TIMBRE FISCAL

affranchissant les journaux

	Neufs.	Oblitér.
59. 6 cent. rouge	» 05	» »

GRANDE-BRETAGNE.

ESSAI.

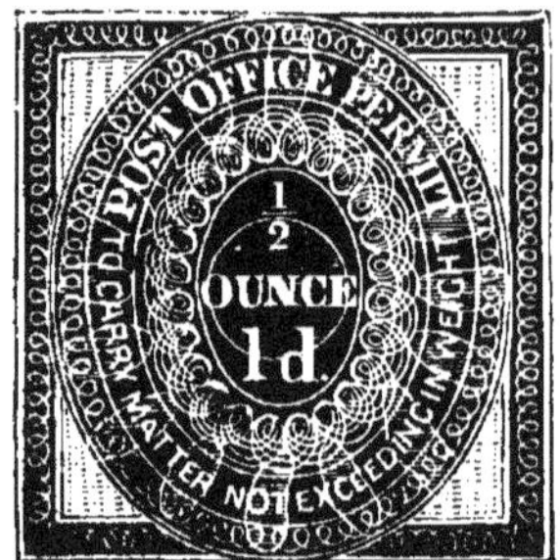

1840-58. *Effigie de la reine.*

	Neufs.	Oblitér.
1. 1 penny noir......	» »	» 25
2. 1 » noir VR en haut.....	50f »	» »
3. 2 » bleu (sans ligne blanche sous le mot POSTAGE)...	» »	» 50
4. 1 » rouge (papier bleui).....	» »	» 10
5. 1 » brun (papier bleui).....	» »	» 10
6. 1 » brun (papier blanc)....	» »	» 10
7. 1 penny carmin (pap. blanc)....	» »	» 10
8. 2 » bleu (papier blanc)....	» »	» 10
9. 2 » bleu (papier blanc), lett. en haut...	» »	» 10

Les mêmes, dentelés.

	Neufs.	Oblitér.
10. 1 penny brun (papier bleui).....	» »	» 10
11. 1 » brun (papier blanc).....	» »	» 10
12. 1 » rouge (pap. blanc)....	» »	» 05
13. 1 » rouge (lettre en haut...	» »	» 05
14. 2 » bleu (let. en haut), petit 7 à droite et à gauche)..	» »	» 50
15. 2 » bleu (lettre en haut), p. 8 à droite et à gauche	» »	» 25
16. 2 » bleu (lettre en haut), p. 9 à droite et à gauche	» »	» 05

ESSAI DU PRINCE ALBERT.

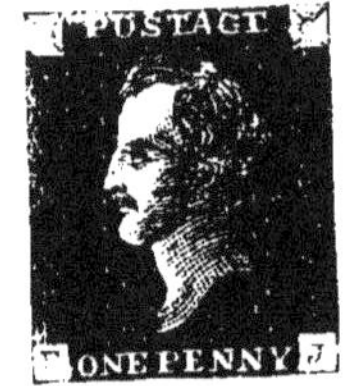

1842. *Octogone relief et couleur.*

	Neufs.	Oblitér.
17. 6 pence violet.....	» »	» 25
18. 10 » brun.....	» »	» 50
19. 1 shill. vert......	» »	» 50

1855-56. ***Effigie, type divers, ornements aux angles, papier glacé.***

	Neufs.	Oblitér.
20. 4 pence rose......	» »	» 10
4 » rose (pap. bleui)....	» »	» 25

	Neufs.	Oblitér.
21. 6 pence violet.....	» »	» 10
22. 1 shill. vert.......	» »	» 15

1862. *Les mêmes, petites lettres aux quatre angles.*

23. 3 pence rose......	» »	» 10
24. 4 » rouge.....	» »	» 05
25. 6 » violet.....	» »	» 05
26. 9 » bistre.....	» »	» 50
27. 1 shill. vert.......	» »	» 10

1864. *Les mêmes, grandes lettres aux quatre angles.*

28. 3 pence rose......	» 50	» 10
29. 4 » rouge.....	» 60	» 05
30. 6 » violet.....	1f »	» 05
31. 9 « bistre.....	1f50	» 25
32. 1 shill vert......	1f75	» 10

ENVELOPPES.

1649-1840. *Enveloppes franches de port, portant la signature d'un membre du parlement et ce timbre :*

FREE
18JA18
1832

0. FREE rouge........	» »	3f »

1840. *Vignette au trait sur toute l'enveloppe, par Mulready.*

33. 1 penny noir, forme lettre....	» »	5f »
34. 1 » noir, forme enveloppe.	10f »	» »
35. 2 » bleu, forme lettre.....	7f »	» »
36. 2 » bleu, forme enveloppe.	7f »	» »

1841. *Ovale, relief et couleur, sans millésime.*

	Neufs.	Oblitér.
37. 1 penny rose......	1f »	» 25
38. 2 » bleu......	1f50	» »
39. 2 » bleu foncé.	2f »	» »

1856-58. *Même effigie, types divers, millésime, papier blanc.*

40. 1 penny rose......	» 25	» 10
41. 2 » bleu......	» 50	» 25
42. 3 » carmin...	» 75	» 50
43. 4 » rouge.....	1f »	» »
44. 6 » violet.....	1f25	» »
45. 1 sh. vert........	2f »	» »

Mêmes timbres, sur papier teinté.

A. papier rose......
B. » bleu......
C. » jaune.....
D. » lilas......
} Mêmes prix.

ENVELOPPES DOUBLES.

46. 5 p. (4 et 1 p. réunis)	1f25	» »
47. 5 » (3 et 2 p. »)	1f25	» »
48. 7 » (6 et 1 p. »)	1f50	» »
49. 7 » (4 et 3 p. »)	1f50	» »
50. 8 » (4 et 4 p. »)	1f50	» »
51. 9 » (6 et 3 p. »)	1f50	» »
52. 10 » (6 et 4 p. »)	1f75	» »
53. 1 sh. et 2 p. réunis	3f »	» »
54. 1 » et 3 p. »	3f »	» »
55. 1 » et 4 p. »	3f »	» »

Mêmes timbres, sur papier teinté.

A. papier rose........
B. » bleu........
C. » jaune.......
D. » lilas........
} Mêmes prix.

ENVELOPPES PARTICULIÈRES.

Timbre-enveloppe du gouvernement encadré d'adresses particulières, en relief et de même couleur.

56. 1 penny rose V. H. Smith et Son....	» »	» 20
57. 2 » bleu......	» »	» 25
58. 3 » carmin....	» »	» »
59. 4 » rouge.....	» »	» »
60. 6 » violet.....	» »	» »
61. 1 shill. vert......	» »	» »

Il existe du même genre les suivantes :

		Neufs.	Oblitér.		
62.	Smith. Elder et C°.	»	»	»	»
63.	Borne et Son......	»	»	»	»
64.	Stafford Smith et Smith, 2 p. bleu.	»	»	»	»
65.	Grindlay et C°....	»	»	»	»
66.	Workman.........	»	»	»	»
67.	G. Prior..........	»	»	»	»
68.	S. Narton.........	»	»	»	»
69.	J. F. Pawson.....	»	»	»	»
70.	S. Alsoop et C°.....	»	»	»	»

Etc., etc.

ENVELOPPES DE RETOUR.

Timbre ovale à la patte de l'env.

71.	Rouge sur blanc....	1f50	»	»
72.	Rouge sur bleu....	1f50	»	»

ENVELOPPES DE FRANCHISE DU *Post-Office.*

73.	Timbre ovale rouge.	1f50	»	»

COMPAGNIE PARTICULIÈRE.

Timbres de journaux (Edinbourg).

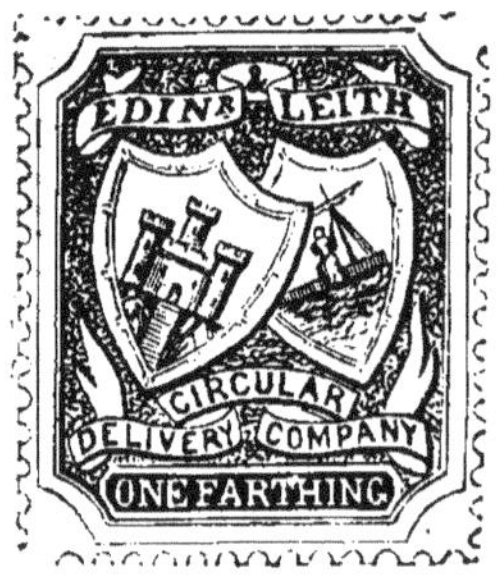

1.	1	fart. jaune.......	» 15	»	»
2.	1	» vert.........	» 15	»	»
3.	1	» lilas.........	» 15	»	»

GRÈCE.

1861. *Tête de Mercure, impression de la Monnaie de Paris, très-soignée.*

			Neufs.		Oblitér.	
1.	1	lept. marron....	»	»	»	50
2.	2	» bistre......	»	»	»	50
3.	5	lept. vert.......	»	»	»	50
4.	10	» rouille sur bleu.....	»	»	»	50
5.	20	» bleu.......	»	»	»	50
6.	40	» violet sur bleu......	»	»	»	50
7.	80	» carmin.....	»	»	»	50

Mêmes timbres, imprimés en Grèce, tirage plus épais.

8.	1	lept. chocolat....	»	10	»	»
9.	1	» chocolat clair	»	10	»	»
10.	2	» bistre.......	»	10	»	»
11.	2	» bistre pâle..	»	10	»	»
12.	5	» vert foncé...	»	15	»	»
13.	5	» vert........	»	15	»	»
14.	10	» rouilles. bleu	»	25	»	10
15.	10	» jaunes. bleu	»	25	»	10
16.	20	» bleu.......	»	50	»	25
17.	20	» bleu foncé..	»	50	»	25
18.	40	» violets. bleu.	»	75	»	25
19.	40	» lie de vin, id.	»	75	»	25
20.	80	» carmin......	1f	»	»	10
21.	80	» rose.......	1f	»	»	10

ESSAI.

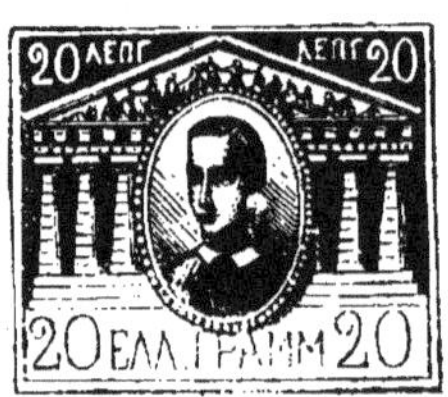

GRENADE (ILE).

Effigie de la reine, coul. sur blanc, sans filigrane.

1.	1	penny vert......	» 50	»	»
2.	6	pence rose......	3f »	»	»

Les mêmes, étoile en filigrane.

3.	1	penny vert......	» 25	»	»
4.	6	pence rose......	1f50	»	75

GUYANE ANGLAISE.

1849. *Valeur dans un rond, noir sur couleur.*

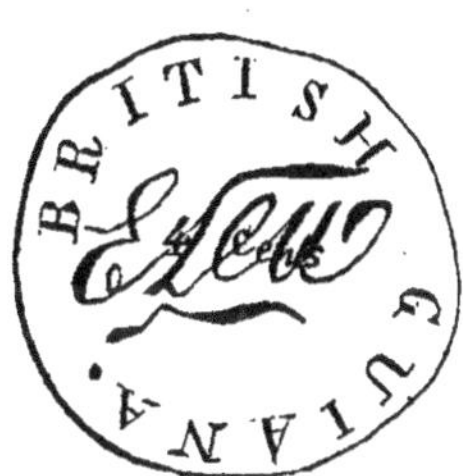

		Neufs.	Oblitér.		
1.	4 cents jaune......	30f	»	»	»
2.	8 » vert.......	30f	»	»	»

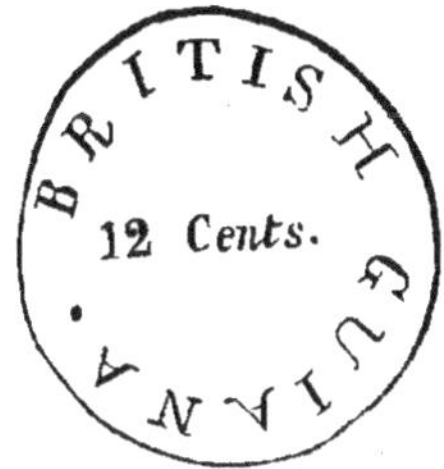

3.	12 » bleu.......	30f	»	»	»

1850. *Vaisseau dans un grand carré, noir sur couleur.*

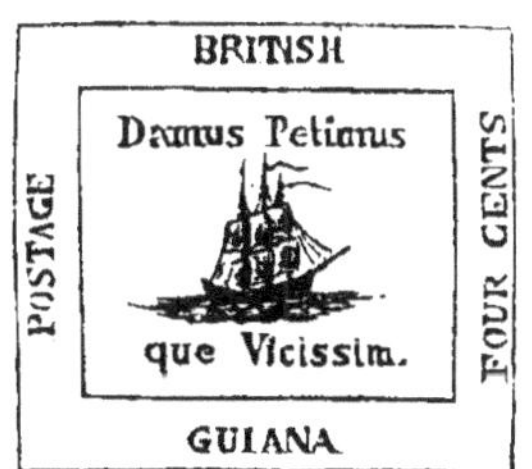

4.	4 cents bleu......	30f	»	»	»
5.	4 » rouge......	30f	»	»	»

1851. *Même genre, carré en hauteur.*

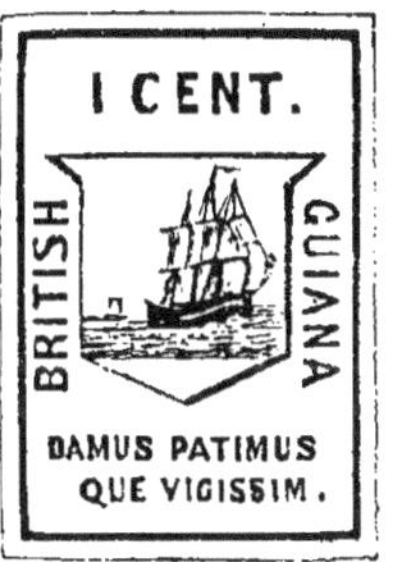

		Neufs.	Oblitér.		
6.	1 cent magenta....	30f	»	»	»
7.	4 » bleu foncé..	30f	»	»	»

Les mêmes, dentelés (réimp.).

8.	1 cent magenta....	4f	»	»	»
9.	4 » bleu foncé..	4f	»	»	»

1853. *Vaisseau à gauche, 1.8.5.3 dans les angles, coul. sur blanc.*

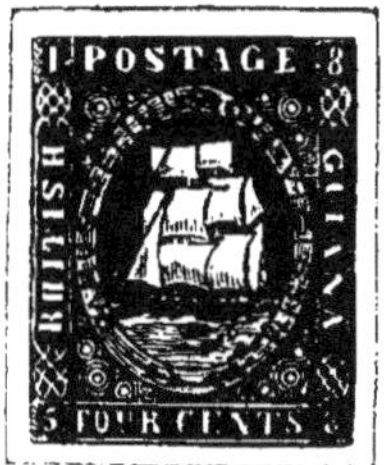

10.	1 cent rouge......	»	»	10f	»
11.	1 » brique.....	»	»	10f	»
12.	4 » bleu.......	»	»	10f	»

Les mêmes, dentelés (réimp.).

13.	1 cent rouge......	4f	»	»	»
14.	4 » bleu.......	4f	»	»	»

1860. *Vaisseau à droite, couleur sur blanc, 1.8.6.0 dans les angles.*

15.	1 cent rose........	»	»	5f	»
16.	1 » rose (réimp.)	1f	»	»	»
17.	1 » rouge brun.	»	»	3f	»

			Neufs.	Oblitér.
18.	1 cent	brun foncé.	» »	3f »
19.	1 »	noir.......	» 15	» »
20.	2 »	orange....	» 25	» »
21.	4 »	bleu.....	» 50	» »
22.	4 »	bleu vert..	» »	» 50
23.	8 »	rose......	1f »	» 50
24.	8 »	rose pâle..	1f »	» 50
25.	12 »	gris.......	1f25	» 50
26.	12 »	lilas.......	1f25	» 50
27.	24 »	vert.......	3f »	1f »
28.	24 »	vert jaune..	» »	1f »

1863. *Vaisseau, type plus grand, 1.8.6.3 dans les angles, couleur sur blanc.*

			Neufs.	Oblitér.
29.	6 cents	bleu.......	1f50	» »
30.	6 »	bleu vert...	1f »	» »
31.	24 »	vert.......	3f »	» »
32.	24 »	vert jaune..	2f50	» »
33.	48 »	rose.......	4f »	» »
34.	48 »	rouge......	4f »	» »

1862. *Timbres provisoires* (dits de journaux), *noir sur couleur.*

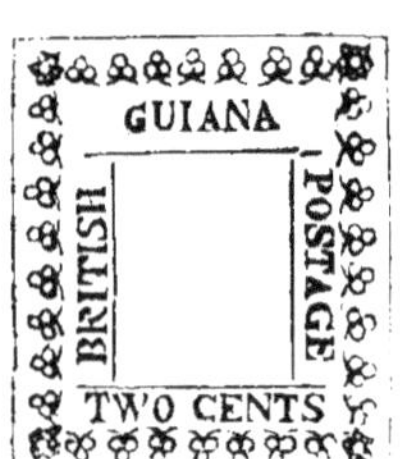

35.	1 cent	rose.. de 1f à 5f	» »	»
36.	2 »	jaune de 1f à 5f	» »	»
37.	3 »	bleu. de 1f à 5f	» »	»

On connait 7 encadrements différents :

N° 1.

N° 2.

N° 3.

N° 4.

N° 5.

N° 6.

N° 7.

HAMBOURG.

1859. *Chiffre et armoiries, couleur sur blanc.*

			Neufs.	Oblitér.
1.	1/2 sch.	noir......	» 25	» »
2.	1 »	brun......	» 25	» »
3.	1 1/4 »	gris......	» 25	» »
4.	1 1/4 »	violet pâle	» 25	» »
5.	1 1/4 »	violet vif..	» 25	» »
6.	2 »	rouge.....	» 50	» »
7.	2 1/2 »	vert......	» 50	» »
8.	3 »	bleu......	» 75	» »
9.	4 »	vert......	» 75	» »
10.	7 »	orange....	1f »	» »
11.	9 »	jaune.....	1f50	» »

Les mêmes, dentelés.

			Neufs.	Oblitér.
12.	1/2 sch.	noir.....	» 25	» »
13.	1 »	brun....	» 25	» »
14.	1 1/4 »	lilas.....	» 25	» »
15.	1 1/4 »	violet....	» 25	» »
16.	2 »	rouge....	» 50	» »
17.	2 1/2 »	vert.....	» 50	» »
18.	3 »	bleu.....	» 75	» »
19.	3 »	bleu ciel.	» 50	» »
20.	4 »	vert.....	» 75	» »
21.	7 »	orange...	1f »	» »
22.	7 »	violet....	1f »	» »
23.	9 »	jaune....	1f25	» »

1866. *Même genre, octogone, en relief.*

			Neufs.	Oblitér.
24.	1 1/2 sch.	carmin.	» 50	» »
24 *bis*.	1 1/4 sch.	violet..	» 25	» »

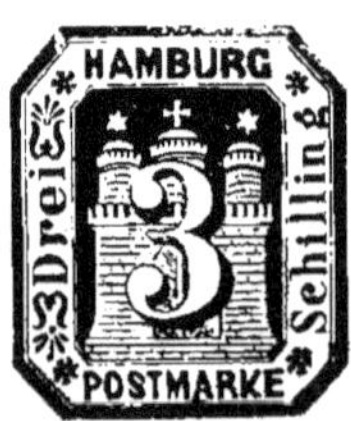

ENVELOPPES.

1866. *Même type.*

			Neufs.	Oblitér.
25.	1/2 sch.	noir.....	» 25	» »
26.	1 1/4 »	lilas.....	» 25	» »
27.	1 1/2 »	carmin..	» 50	» »
28.	2 »	orange...	» 50	» »
29.	3 »	bleu.....	» 50	» »
30.	4 »	vert.....	» 75	» »
31.	7 »	violet....	1f »	» »

1861. OFFICES PARTICULIERS.

INSTITUT HAMBURGER BOTEN.

C. Hamer; 1/2 *au centre, noir sur couleur.*

			Neufs.	Oblitér.
32.	1/2 sch.	bleu.....	» 10	» »
33.	1/2 »	citron...	» 10	» »
34.	1/2 »	rose.....	» 10	» »
35.	1/2 »	jaune....	» 10	» »
36.	1/2 »	gris.....	» 10	» »
37.	1/2 »	vert foncé	» 10	» »
38.	1/2 »	vert pâle.	» 10	» »
39.	1/2 »	brun....	» 10	» »

ENVELOPPES.

Timbre rond.

			Neufs.	Oblitér.
40.	1/2 sch.	rose sur blanc...	» 10	» »
41.	1/2 »	rouge sur blanc...	» 10	» »
42.	1/2 »	rouge sur jaune...	» 10	» »

H. Scheerenbeck.

Trois tours, en noir sur couleur.

		Neufs.	Oblitér.
43.	Bleu foncé........	» 10	» »
44.	Rose..............	» 10	» »
45.	Vert..............	» 10	» »
46.	Vert foncé........	» 10	» »
47.	Vert émeraude....	» 10	» »
48.	Chamois..........	» 10	» »
49.	Brun..............	» 10	» »
50.	Brun clair........	» 10	» »
51.	Jaune.............	» 10	» »
52.	Vert..............	» 10	» »

H. Scheerenbeck.

Facteur.

		Neufs.	Oblitér.
53.	Rose..............	» 10	» »
54.	Jaune.............	» 10	» »
55.	Jaune foncé.......	» 10	» »
56.	Brun clair........	» 10	» »
57.	Vert..............	» 10	» »
58.	Bleu..............	» 10	» »
59.	Bleu clair........	» 10	» »
60.	Violet............	» 10	» »
61.	Gris..............	» 10	» »
62.	Chair.............	» 10	» »

H. Scheerenbeck.

Vereinigte corporation, chiffre au milieu.

			Neufs.	Oblitér.
63.	1/2 sch	violet clair	» 10	» »
64.	1/2 »	violet foncé	» 10	» »
65.	1/2 »	brun foncé	» 10	» »
66.	1/2 »	brun clair	» 10	» »
67.	1/2 »	brun très-clair....	» 10	» »
68.	1/2 »	vert.....	» 10	» »
69.	1/2 »	bleu.....	» 10	» »
70.	1/2 »	jaune....	» 10	» »
71.	1/2 »	rose.....	» 10	» »
72.	1/2 »	rose clair.	» 10	» »
73.	1/2 »	viol. clair.	» 10	» »
74.	1 »	viol. foncé	» 10	» »
75.	1 »	brun foncé	» 10	» »
76.	1 »	brun clair	» 10	» »
77.	1 »	brun très-clair....	» 10	» »
78.	1 »	vert.....	» 10	» »
79.	1 »	bleu.....	» 10	» »
80.	1 »	jaune....	» 10	» »
81.	1 »	rose.....	» 10	» »
82.	1 »	rose clair.	» 10	» »

V. Krantz.

Facteur, noir sur couleur.

			Neufs.	Oblitér.
83.	1/2 sch.	vert clair..	» 10	» »
84.	1/2 »	vert foncé.	» 10	» »
85.	1/2 »	bleu clair.	» 10	» »
86.	1/2 »	bleu foncé.	» 10	» »
87.	1/2 »	jaune.....	» 10	» »
88.	1/2 »	brun clair.	» 10	» »
89.	1/2 »	violet.....	» 10	» »
90.	1/2 »	rose......	» 10	» »
91.	1/2 »	chamois...	» 10	» »
92.	1/2 »	gris.......	» 10	» »
93.	1 »	vert clair..	» 10	» »
94.	1 »	vert foncé.	» 10	» »
95.	1 »	bleu clair..	» 10	» »
96.	1 »	bleu foncé.	» 10	» »
97.	1 »	jaune.....	» 10	» »
98.	1 »	brun clair.	» 10	» »

N°	Valeur	Couleur	Neufs.	Oblitér.
99.	1 sch.	violet.....	» 10	» »
100.	1 »	rose......	» 10	» »
101.	1 »	chamois...	» 10	» »
102.	1 »	gris.......	» 10	» »

Les mêmes, en couleur sur blanc.

N°	Valeur	Couleur	Neufs.	Oblitér.
103.	1/2 sch.	vert....	» 10	» »
104.	1/2 »	ocre....	» 10	» »
105.	1/2 »	bleu....	» 10	» »
106.	1/2 »	brun rouge	» 10	» »
107.	1/2 »	violet...	» 10	» »
108.	1 »	vert....	» 10	» »
109.	1 »	ocre....	» 10	» »
110.	1 »	bleu....	» 10	» »
111.	1 »	brun rouge	» 10	» »
112.	1 »	violet...	» 10	» »

V. Krantz, Hamonia.

Déesse.

N°	Valeur	Couleur	Neufs.	Oblitér.
113.	1 sch.	or jaune sur blanc....	» 10	» »
114.	1 »	or vert sur blanc....	» 10	» »
115.	1 »	or citron s. blanc....	» 10	» »
116.	1 »	bronze sur blanc....	» 10	» »
117.	1 »	argent sur noir.....	» 10	» »
118.	1 »	argent sur vert noir.	» 10	» »
119.	1 »	argent sur brun noir	» 10	» »
120.	1 »	argent sur rose.....	» 10	» »
121.	1 »	argent sur rouge....	» 10	» »
122.	1 »	argent sur bleu foncé	» 10	» »
123.	2 »	or jaune s. blanc....	» 10	» »
124.	2 »	or vert sur blanc.....	» 10	» »
125.	2 »	or citron s. blanc....	» 10	» »
126.	2 »	bronze sur blanc...	» 10	» »
127.	2 »	or s. noir.	» 10	» »
128.	2 »	or sur vert clair.....	» 10	» »
129.	2 »	or s. brun.	» 10	» »
130.	2 »	or s. rouge	» 10	» »
131.	2 sch.	or sur bleu	» 10	» »
132.	2 »	or sur bleu noir.....	» 10	» »

Th. Lafrenz.

Carrés, chiffre au milieu.

N°	Valeur	Couleur	Neufs.	Oblitér.
133.	1/2 sch.	rose.....	» 10	» »
134.	1/2 »	gris.....	» 10	» »
135.	1/2 »	vert.....	» 10	» »
136.	1/2 »	chair....	» 10	» »
137.	1/2 »	violet....	» 10	» »
138.	1/2 »	jaune....	» 10	» »
139.	1/2 »	bleu clair	» 10	» »
140.	1/2 »	bleu foncé	» 10	» »
141.	1/2 »	brun clair	» 10	» »
142.	1/2 »	brun foncé	» 10	» »
143.	1 »	bleu.....	» 10	» »
144.	1 »	rose.....	» 10	» »
145.	1 »	brun clair	» 10	» »
146.	1 »	brun foncé	» 10	» »
147.	1 »	jaune....	» 10	» »
148.	1 »	vert.....	» 10	» »
149.	1 »	bleu clair	» 10	» »
150.	1 »	bleu foncé	» 10	» »
151.	1 »	gris......	» 10	» »
152.	1 »	violet....	» 10	» »

Ch. Van-Diemen.

N°	Valeur	Couleur	Neufs.	Oblitér.
153.	1 sch.	lilas......	» »	» 15
154.	2 »	jaune.....	» »	» 15
155.	3 »	rose......	» »	» 15
156.	4 »	vert......	» »	» 15
157.	6 »	bleu......	» »	» 15
158.	8 »	rouge.....	» »	» 15

HANOVRE.

1850. *Chiffre et armoiries, noir sur couleur, couronne de feuilles en filigrane.*

N°	Valeur	Couleur	Neufs.	Oblitér.
1.	1 gutg.	bleu (sans filigrane)..	» »	» 50
2.	1 »	vert......	1f »	» 25
3.	1/30 th.	carmin....	1f »	» 35
4.	1/30 »	chair.....	1f »	» 35
5.	1/15 »	bleu......	1f »	» 35
6.	1/10 »	orange....	1f »	» 35

1856. *Même type, noir sur papier blanc, burelé de couleur.*

N°	Valeur	Couleur	Neufs.	Oblitér.
7.	1 gutg.	vert.....	1f »	» 25
8.	1 »	vert (burelé vertical).	2f »	» »

	Neufs.	Oblitér.
9. 1|30 th. rose......	1f »	» 35
10. 1|30 » rose (burelé vertical...	2f »	» »
11. 1|15 » bleu......	1f »	» 35
12. 1|10 » orange....	1f »	» 35
13. 1|10 » orange (bur. serré.....	2f »	» »

1853-63. *Chiffre dans un ovale.*

14. 3 pf. rose (filigrané)	1f50	» »
15. 3 » rose (burelé noir).......	» 75	» »
16. 3 » brun (burelé noir, serré).	1f »	» »
17. 3 » rose (sans filig.)	» 15	» »
18. 3 » vert.........	» 15	» »
19. 3 » vert dentelé.	» 15	» »

1860. *Cor, sur papier blanc.*

20. 1/2 gros. noir.....	» 25	» »
21. 1/2 » noir (dent.)	» 15	» »

1859. *Effigie du roi, couleur sur blanc.*

22. 1 gros. carmin.....	» »	» 25
23. 1 » rose........	» 25	» 10
24. 2 » bleu foncé..	» »	» 25
25. 2 » bleu........	» 50	» 10
26. 3 » jaune.......	» »	» 50
27. 3 » bistre.......	» »	» 10
28. 10 » vert........	» »	1f »

Les mêmes, dentelés.

29. 1 gros. rose.......	» 25	» 10
30. 2 » bleu........	» 50	» 10
31. 3 » bistre.......	» 75	» 10

ENVELOPPES.

1857. *Effigie du roi, relief et coul. sur blanc, chiffre en bas.*

32. 1 gutg. vert.......	» 50	» »
33. 1 silb. rose......	» 75	» »
34. 2 » bleu......	1f »	» »
35. 3 » jaune.....	1f50	» »

1858. *Même type, chiffres sur les côtés, timbré à gauche*

36. 1 gros. rose.......	» 25	» 10
37. 2 » bleu.......	» 50	» 25
38. 3 » jaune......	2f »	» »
39. 3 » bistre......	» 75	» 25

1863. *Même type, timbré à droite*

40. 1 gros. rose.......	» »	» 25
41. 2 gros. bleu.......	» »	» 50
42. 3 » bistre......	» »	» 50

SPÉCIALES A LA VILLE DE HANOVRE.

1850. Bestellgeldfrei. *Ce seul mot imprimé sur papier jaunâtre.*

43. Bleu..............	10f »	» »
44. Noir.............	10f »	» »

Grande vignette, noir sur papier jaune, petit timbre rond.

45. Bleu à l'angle infér. droit............	4f »	» »

1858. *Trèfle en relief.*

46. Vert..............	» 50	» »

1861. *Cheval en relief.*

47. Vert..............	» 25	» »
48. Le même, timbre à droite..........	1f »	» »

HOLSTEIN (Duché).

1864. *Valeur dans un cercle, coul. sur blanc.*

1. 1 1|4 sch. bleu (grandes lettres)	» 30	» »
2. 1 1|4 » bleu (petites lettres	» 30	» »

Valeur dans un carré, fond rose.

3. 1 1|4 sch. bleu....	» 30	» »

1865. *Ovale, chiffre en relief et couleur.*

4. 1/2 sch. vert.....	» 25	» »
5. 1 1|4 » lilas.....	» 25	» »
6. 1 1|3 » carmin...	» 25	» »
7. 2 » bleu.....	» 50	» »
8. 4 » bistre....	» 75	» »

1866. *Type à peu près semblable.*

9. 1 1|4 sch. violet...	» 25	» »

HAWAIIEN.

Chiffre (composition typographique).

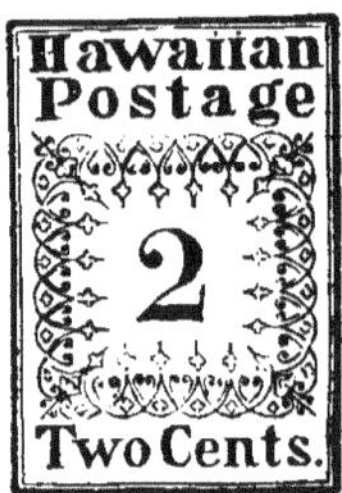

	Neufs.		Oblitér.	
0. 2 cents (timbre douteux)	»	»	»	»
1. 13 cents bleu (pap. blanc)	»	»	20f	»

Idem, sur papier bleu, inscriptions : HAWAIIAN POSTAGE, INTERISLAND, UKU LETA.

2. 1 cent. bleu	10f	»	»	»
3. 1 » noir	1f50		»	»
4. 2 » bleu	10f	»	»	»
5. 2 » noir	3f	»	»	»

Idem, sur papier blanc.

6. 1 cent. noir	1f	»	»	»
7. 1 » noir (pap. vergé)	»	75	»	»
8. 2 » noir	1f50		»	»
9. 2 » noir (papier vergé)	1f	»	»	»

Id., avec l'inscription : INTERISLAND · UKU LETA, HAWAIIAN POSTAGE.

10. 1 cent. bleu	1f	»	»	»
11. 2 » bleu	1f50		»	»

Idem, HAWAIIAN POSTAGE, *répété deux fois.*

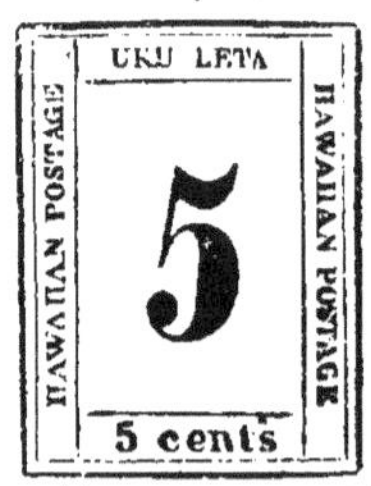

2. 5 cents bleu	3f	»	»	»
3. 13 » bleu	5f	»	»	»

Effigies diverses.

	Neufs.		Oblitér.	
14. 2 cents rose clair	3f	»	»	»
15. 2 » rose vif	1f50		»	»
16. 5 » bleu s. blanc	1f50		»	»
17. 5 » bleu s. bleu	1f50		»	»
18. 13 » rouge	5f	»	»	»

1865. *Effigie bien gravée.*

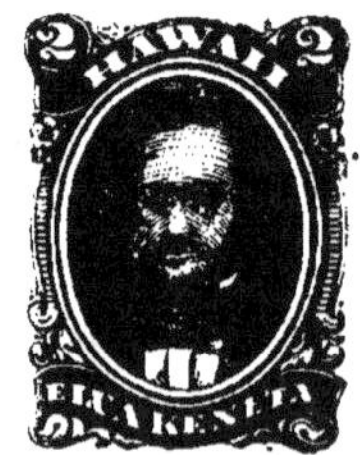

19. 2 cents vermillon	»	50	»	»

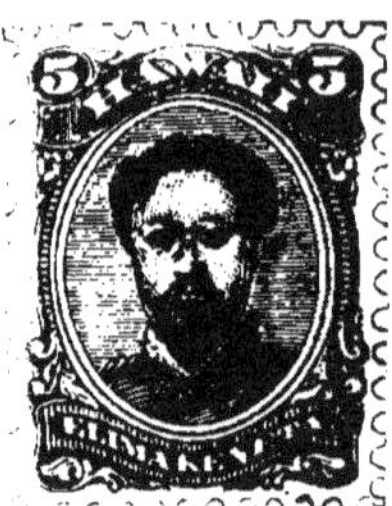

20. 5 » bleu	1f	»	»	»

HONDURAS (République).

1865. *Armoiries, noir sur couleur.*

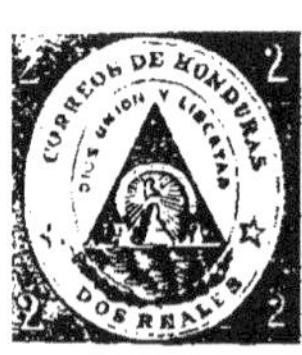

1. 2 réales vert	2f	»	»	»
2. 2 » rose	2f	»	»	»

HONDURAS BRITANNIQUE.

1866. ***Effigie de la reine, couleur sur blanc.***

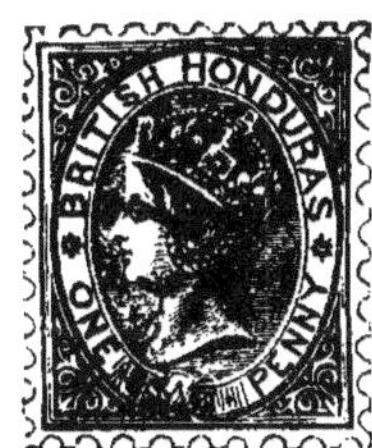

		Neufs.	Oblitér.
1.	1 penny bleu......	» 50	» »
2.	6 » rose......	1f 50	» »
3.	1 shill. vert.......	2f »	» »

HONG-KONG.

1862. ***Effigie de la reine Victoria, papier uni.***

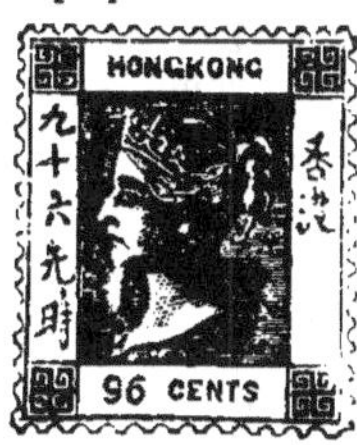

		Neufs.	Oblitér.
1.	2 cents brun......	» 25	» »
2.	8 » jaune pâle.	» »	» 50
3.	12 » bleu pâle.	» »	» 50
4.	12 » bleu vif...	» »	» 50
5.	18 » violet.....	» »	1f »
6.	18 » violet foncé	» »	1f »
7.	24 » vert......	» »	» 25
8.	24 » vert foncé.	» »	» 50
9.	48 » carmin...	» »	» 75
10.	48 » rose......	» »	» 75
11.	96 » brun noir.	» »	» 75

Les mêmes, avec CC couronnés, en filigrane.

		Neufs.	Oblitér.
12.	2 cents brun.......	» 25	» »
13.	4 » gris........	» 50	» »
14.	6 » lilas.......	» »	» 50
15.	8 » jaune vif...	» »	» 50
16.	12 » bleu.......	» »	» 50
17.	18 » violet.....	» »	» 50
18.	24 » vert.......	» »	» 25
19.	30 cents rouge.....	» »	» 75
20.	48 » rose.......	» »	» 75
21.	96 » jaune brun.	» »	» 75

INDES ANGLAISES.

1854. ***Reine, types divers.***

		Neufs.	Oblitér.
1.	1/2 anna bleu.....	1f 50	» 50
2.	1/2 » rouge....	» »	25f »
3.	1 » rouge...	» »	» 25
4.	2 » vert.....	» »	» 50
5.	4 » rouge et bleu....	» »	» 25

1858. *Reine, couleur sur papier glacé, dentelé.*

		Neufs.	Oblitér.
6.	1/2 anna bleu.....	» 25	» 10
7.	1 » brun........	» 30	» 10
8.	1 » brun sur bleuté	» »	1f »
9.	2 » rose........	» »	» 25
10.	2 » orangé......	» »	» 10
11.	2 » jaune.......	» »	» 10
12.	4 » noir........	» »	» 10
13.	4 » noir sur bleuté	» »	» 50
14.	8 » rose........	» »	» 10
15.	8 » rose sur bleuté	» »	» 50
16.	8 pies violet.......	» 25	» 10

1885. *Même type, tête d'éléphant en filigrane.*

		Neufs.	Oblitér.
17.	1/2 anna bleu....	» 50	» »
18.	1 » brun.....	» 50	» »
19.	2 » orange...	» »	» 25
20.	4 » vert.....	» »	» 25

1866. *Grand timbre de commerce, avec* POSTAGE *imp. en vert; provisoire.*

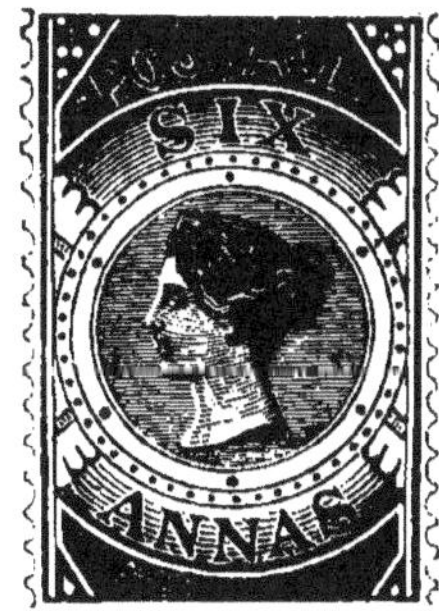

		Neufs.	Oblitér.
21.	6 anna violet.....	» »	3f »

1866. *Type nouveau, couleur sur blanc.*

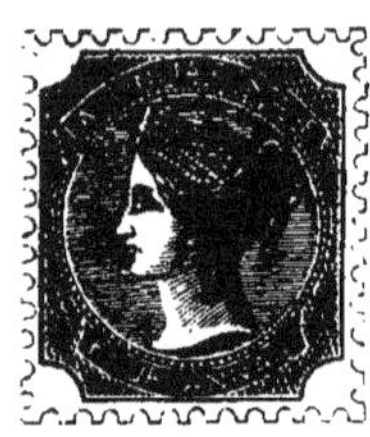

Neufs. Oblitér.

22. 4 annas vert....... » » » 50
23. 6 » » .... » » » »

ENVELOPPES.

Effigie, relief et couleur.

24. 1/2 anna bleu sur p. jaunâtre. » 25 » »
25. 1/2 » bleu sur p. blanc... » 25 » »
26. 1/2 » bleu sur feuille.. » 50 » »
27. 1 » brun sur bleu.... » 50 » »

INDES NÉERLANDAISES.

1864. *Effigie du roi Guillaume.*

1. 10 cents carmin... » 50 » »
2. 10 » carmin pâle » 50 » »

IONIENNES (ILES).

1859. *Reine, légende grecque.*

1. Jaune............ » 25 » »
2. Bleu............ » 50 » »
3. Rouge............ » 50 » »
La collection...... 1f » » »

ITALIE.

1850. *Victor Emmanuel, couleur sur blanc.*

1. 5 cent. noir....... » » 1f 50
2. 20 » bleu....... » » » 50
3. 20 » bleu foncé. » » » 50
4. 40 » carmin.... » » 2f »
5. 40 » magenta... » » 3f »

1853. *Le même, en relief, sur papier de couleur.*

Neufs. Oblitér.

6. 5 cent. vert....... » » 2f »
7. 20 » bleu....... » » » 50
8. 40 » rose....... » » 2f »

1854. *Le même, cadre de couleur, centre blanc et en relief.*

9. 5 cent. vert...... » » 2f »
10. 5 » vert pomme » » 2f »
11. 20 » bleu...... » » » 50
12. 20 » bleu foncé. » » » 50
13. 40 » carmin.... » » 6f »

1855-1863. *Le même, légendes blanches.*

14. 5 cent. vert vif.... » 10 » 05
15. 5 » vert pâle.. » 10 » 05
16. 5 » vert jaune.. » 10 » 05
17. 5 » vert olive.. » » » 05
18. 10 » jaune...... » 25 » 05
19. 10 » bistre...... » 25 » 05
20. 10 » brun....... » 25 » 15
21. 10 » brun noir.. » 25 » 15
22. 15 » bleu....... » 30 » 10
23. 15 » bleu pâle... » 30 » 10
24. 20 » bleu....... » 30 » 05
25. 20 » bleu noir... » 40 » 25
26. 20 » bleu pâle... » 40 » 25
27. 40 » carmin.... » 50 » 05
28. 40 » rose pâle.. » 50 » 05
29. 40 » rouge vif... » 50 » 05
30. 80 » jaune...... 1f » » 25
31. 80 » citron...... 1f » » »
32. 80 » ocre....... 1f » » »
33. 80 » ocre pâle... 1f » » »
34. 3 lire bronze..... 3f » » »

Les mêmes, dentelés.

35. 5 cent. vert....... » 50 » »
36. 10 » bistre...... » 50 » »
37. 20 » bleu....... » 30 » »
38. 40 » carmin..... » 50 » 15
39. 80 » jaune...... 1f » » 50
40. 3 lire bronze..... 5f » » »

1863. *Même effigie, lithographié.*

41. 15 cent. bleu..... » 25 » 05

1863. *Effigie à gauche, papier glacé, dentelé, filigrané.*

42. 5 cent. gris vert... » 10 » 05
43. 10 » jaune...... » 15 » 05

		Neufs.	Oblitér.
44.	10 cent jaune brun.	» 15	» 05
45.	15 » bleu.......	» 25	» 05
46.	15 » bleu pâle...	» 25	» 05
47.	30 » brun........	» 40	» 05
48.	40 » carmin.....	» 50	» 05
49.	60 » lilas.......	» 75	» 10
50.	2 lire rouge......	2f50	» 25

Le 15 c. ci-dessus, avec 20 c. appliqué en noir.

51.	20 cent. bleu.....	» »	» 10
52.	20 » bleu (4 p.)	» »	» 15
53.	20 » bleu (12 p.)	» 25	» 05

1863. CHIFFRE-TAXE (SEGNA-TASSA).

54.	10 cent. jaune....	» 25	» »
55.	10 » ocre......	» 50	» »

TIMBRE DE JOURNAUX.

Ancien timbre-taxe des journaux.

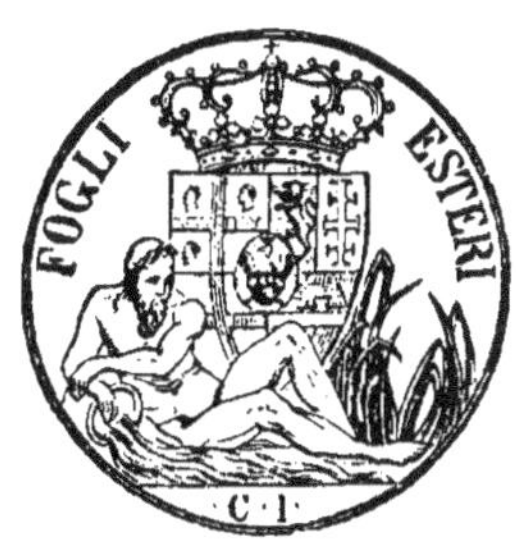

1860. *Chiffre en relief, cadre imprimé.*

56.	1 cent. noir.......	» 10	» 05
57.	1 » verdâtre....	» 25	» 20
58.	2 » noir.......	» 25	» 15
59.	2 » verdâtre...	» 35	» 25
60.	2 » jaune......	» 25	» 10
61.	2 » bistre......	» 50	» 10
62.	1 c. en relief dans un cadre du 2 c..	2f »	» »
63.	2 c. en relief dans un cadre du 1 c.	2f »	» »

1863. *Chiffre imprimé sur papier glacé.*

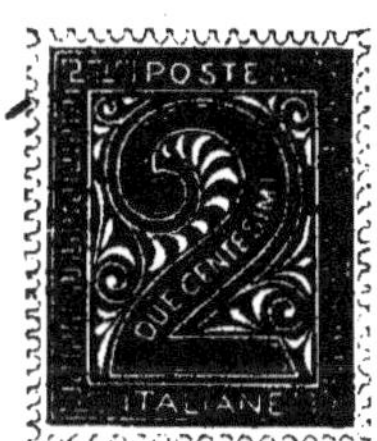

		Neufs.	Oblitér.
64.	1 cent. verdâtre...	» 05	» »
65.	1 » verdâtre pâle	» 05	» »
66.	2 » chocolat....	» 10	» »

JAMAÏQUE.

1860. *Reine, type divers.*

1.	1 penny bleu......	» 25	» »
2.	1 » bleu pâle..	» 25	» »
3.	2 pence carmin...	» 50	» 25
4.	2 » rose......	» 50	» 25
5.	3 » vert......	» 75	» 50
6.	4 » orange....	1f »	» 50
7.	4 » orange pâle	1f »	» 50
8.	6 » lilas......	1f50	» 50
9.	6 » lilas pâle..	1f50	» 50
10.	1 shill. brun.....	2f50	» 75
11.	1 » brun violet	» »	» 75

LIBÉRIA.

Déesse, encadrement à un seul filet, dentelé.

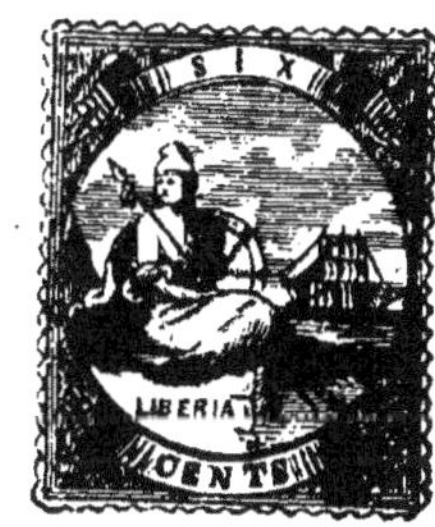

1.	6 cents rouge......	2f50	1f50
2.	12 » bleu.......	2f50	1f50
3.	24 » vert.......	3f50	2f »

Les mêmes, encadrement à double filet, dentelés.

Neufs. Oblitér.

4. 6 cents rouge...... » 75 » »
5. 12 » bleu....... 1f25 » »
6. 24 » vert....... 2f25 » »

Les mêmes, non dentelés.

7. 6 cents rouge...... 3f » » »
8. 12 » bleu....... 3f » » »
9. 24 » vert....... 4f » » »

LIVONIE (Cercle de Wenden).

1862. *Rectangle en long, coul. sur blanc.*

1. Noir sur rose, *Briefmarke* .... 3f » » »
2. Noir sur vert, *Packenmarke*........ » 75 » »

1863. *En hauteur, ovale.*

3. Rouge, centre vert. 2f » » »
4. Le même, griffon au centre.......... » 75 » »

LOMBARDO-VÉNÉTIE.

1850. *Aigle autrichienne.*

1. 5 cent. jaune...... » » » 50
2. 5 » orange..... » » » 50
3. 10 » noir....... » » » 25
4. 15 » rouge...... » » » 10
5. 15 » rouge pâle. » » » 10
6. 30 » brun...... » » » 25
7. 45 » bleu....... » » » 10
8. 45 » bleu pâle.. » » » 10

1859. *Carré, effigie à gauche.*

9. 2 soldi jaune...... » 25 » 15
10. 3 » noir....... 1f » » 25
11. 3 » vert....... » 50 » 15
12. 5 » rouge..... 1f25 » 10

Neufs. Oblitér.

13. 10 soldi brun...... 1f25 » 15
14. 15 » bleu....... 1f25 » 10

1861. *Ovale, effigie à droite.*

15. 5 soldi rouge...... » 40 » 05
16. 10 » brun....... » » » 25

1863. *Ovale, aigle autrichienne, petite dentelure.*

17. 2 soldi jaune...... » » » 10
18. 3 » vert....... » » » 10
19. 5 » rouge...... » » » 10
20. 10 » bleu....... » » » 10
21. 15 » bistre..... » » » 10

1864. *Les mêmes, grosse dentelure.*

22. 2 soldi jaune...... » 15 » 10
23. 3 » vert....... » 15 » 10
24. 5 » rouge...... » 25 » 10
25. 10 » bleu....... » 50 » 10
26. 15 » bistre...... » 60 » 10

ENVELOPPES.

1861. *Ovales, effigie, relief et coul.*

27. 3 soldi vert....... » 35 » »
28. 5 » rouge...... » 50 » »
29. 10 » brun rouge. » 75 » »
30. 15 » bleu....... 1f » » »
31. 20 » orange..... 1f50 » »
32. 25 » brun foncé. 1f50 » »
33. 30 » violet...... 2f » » »
34. 35 » brun clair.. 2f50 » »

1863. *Ovales, aigle.*

35. 3 soldi vert....... » 25 » »
36. 5 » rose....... » 35 » »
37. 10 » bleu....... » 50 » 25
38. 15 » bistre...... » 75 » 25
39. 25 » violet..... 1f25 » »

LUBECK.

1859. *Armoiries, coul. sur blanc.*

1. 1/2 sch. violet.... » 25 »
2. 1 » orange... » 50 » »
3. 1 » jaune.... » 50 »
4. 2 » brun.... » 50 »
5. 2 » brun (avec la légende du 2 1/2.. 5f » » »

		Neufs.	Oblitér.
6.	2 1/2 sch. carmin...	» 75	» »
7.	4 » vert......	1f »	» »

Les mêmes, avec petites étoiles en filigrane.

		Neufs.	Oblitér.
1 *bis*.	1/2 sch. violet.	1f »	» »
2 *bis*.	1 » orange.	1f »	» »
4 *bis*.	2 » brun...	1f »	» »
6 *bis*.	2 1/2 » rose...	1f »	» »
7 *bis*.	4 » vert...	2f »	» »

1863. *Ovales, relief et couleur.*

		Neufs.	Oblitér.
8.	1/2 sch. vert.....	» 25	» »
9.	1 » rouge....	» 25	» »
10.	2 » rose.....	» 50	» »
11.	2 1/2 » bleu.....	» 50	» »
12.	4 » bistre...	» 75	» »
13.	1 1/2 » violet....	» 35	» »
14.	1 1/4 » brun (lithogr.).	» 25	» »

ENVELOPPES.

1863. *Ovales, aigle, relief et coul. timbrée à gauche.*

		Neufs.	Oblitér.
15.	1/2 sch. vert......	» 40	» »
16.	1 » rouge....	» 50	» »
17.	2 » rose.....	» 75	» »
18.	2 1/2 » bleu.....	» 75	» »
19.	4 » bistre....	1f »	» »

Les mêmes, timbrées à droite.

		Neufs.	Oblitér.
20.	1/2 sch. vert.....	» 20	» »
21.	1 » rouge....	» 25	» »
22.	1 1/2 » violet....	» 35	» »
23.	2 » rose.....	» 50	» »
24.	2 1/2 » bleu.....	» 50	» »
25.	4 » bistre....	» 75	» »

LUXEMBOURG.

1852. *Effigie du roi Guillaume.*

		Neufs.	Oblitér.
1.	10 cent. noir.....	» »	» 50
2.	10 » gris......	» »	» 25
3.	1 silb. rose.....	» »	» 50
4.	1 » rouge....	» »	» 25
5.	1 » brun.....	» »	» 25

1859. *Armoiries.*

		Neufs.	Oblitér.
6.	1 cent. bistre.....	» 10	» »
7.	2 » noir......	» 10	» »
8.	4 » jaune....	» 10	» »
9.	10 » bleu......	» 25	» »
10.	12 1/2 » rose......	» 25	» »
11.	25 » brun......	» 50	» »
12.	30 » violet.....	» 50	» »
13.	37 1/2 » vert......	» 75	» »
14.	40 » rouge.....	» 75	» »

1865. *Les mêmes, dentelés.*

		Neufs.	Oblitér.
15.	1 cent. brun foncé	» 10	» »
16.	2 »	» »	» »
17.	4 »	» »	» »
18.	10 » lilas.....	» 25	» »
19.	12 1/2 » rose.....	» 25	» »
20.	25 » bleu.....	» 50	» »
21.	30 »	» »	» »
22.	37 1/2 » bistre....	» 60	» »
23.	40 »	» »	» »

MALTE.

1860. *Reine, papier bleuté.*

		Neufs.	Oblitér.
1.	1/2 penny bistre...	2f »	» »

Le même, papier blanc.

		Neufs.	Oblitér.
2.	1/2 penny bistre..	1f »	» »

Le même, CC couronné en filigrane.

		Neufs.	Oblitér.
3.	1/2 penny bistre..	» 15	» »

MAURICE (ILE).

1851. *Effigie diadémée, dessin grossier, fond de lignes diagonales.*

		Neufs.	Oblitér.
1.	1 penny rouge.....	» »	3f »
2.	2 pence bleu.....	» »	3f »

1852. *Même genre, lignes croisées.*

		Neufs.	Oblitér.
3.	1 penny rouge.....	» »	5f »
4.	2 pence bleu......	» »	5f »

Même genre, avec POST-OFFICE.

Neufs. Oblitér.

5. 1 penny rouge..... » » 50f »

6. 2 pence bleu...... » » 50f »

1854. *Même genre, effigie petite, ceinte d'un bandeau.*

7. 2 pence bleu...... » » 3f »

Effigie, bordure grecque.

8. 1 penny rouge..... » » 3f »

9. 2 pence bleu...... » » 3f »

1856-57. *Déesse assise.*

10. Rouge sur bleuté... 30f » » »

11. Rouge........... 30f » » »

12. Vert............. 15f » 3f »

13. Bleu............ 30f » » »

14. Magenta......... 15f » 3f »

Même type, valeur appliquée en noir.

15. 4 pence vert...... » » 25f »

16 8 » magenta.. » » 25f »

1862. *Même type, valeur en bas.*

17. 6 pence bleu...... » » » 75

18. 6 » lilas...... 5f » » »

19. 1 shill. rouge..... » » 1f 50

20 1 » vert...... » » 2f »

Les mêmes, dentelés.

21. 6 pence ardoise.... 6f » » »

22. 1 shill. vert....... » » 3f »

1861. *Effigie, couleur sur papier blanc, dentelés.*

23. 1 penny brun clair. » 50 » »

24. 2 pence bleu...... » » » 25

25. 4 » rose...... » » » 05

26. 6 » vert..... » » 2f »

27. 6 » lilas...... » » » 50

28. 9 » violet clair » » » 75

Neufs. oblitér.

29. 1 shill. vert....... » » 1f »

30. 1 » jaune..... » » » 50

Les mêmes, avec CC *en filigrane.*

31. 1 penny brun.... » 25 » »

32. 2 pence bleu...... » 50 » 25

33. 3 » rouge..... » 75 » »

34. 4 » rose...... » 75 » 05

35. 6 » lilas...... » » » 50

36. 6 » vert...... 1f 50 » 50

37. 1 shill. jaune..... » » » 50

38. 5 » violet..... » » 2f »

ENVELOPPES.

1863. *Formes diverses, relief et couleur.*

39. 6 pence violet..... 1f 50 » »

40. 6 » violet brun 2f » » »

41. 9 » brun...... 2f » » »

42. 1 shill. jaune..... 10f » » »

MECKLEMBOURG-SCHWERIN.

1856. *Tête de bœuf.*

1. 4/4 sch. rouge.... » 25 » »

2. 1/4 » *du précéd.* » 10 » »

3. 3 » jaune.... » 60 » 15

4. 5 » bleu..... 1f » » »

1864. *Les mêmes, dentelés.*

5. 4/4 sch. rouge (fond blanc... » 25 » 15

6. 1/4 » *du précéd.* » 10 » 05

7. 3 » jaune.... » 60 » 20

8. 5 » bistre.... 1f » » 50

ENVELOPPES.

1856. *Ovales, en relief, inscriptions transversales en gros caractères.*

9. 1 sch. rouge...... » » 1f »

10. 1 1/2» vert....... » » 1f »

11. 3 » jaune...... » » 1f »

12. 5 » bleu....... » » 1f »

Les mêmes, inscription en petits caractères.

13. 1 sch. rouge...... » 25 » 15

14. 1 » rouge pâle. » 25 » 15

15. 1 1/2 » vert....... » 35 » 20

16. 3 » jaune..... » 60 » 25

17. 3 » jaune pâle. » 60 » 25

18. 5 » bleu....... 1f » » »

19. 5 » bistre...... 1f » » 50

MECKLEMBOURG-STRELITZ.

1864. *Armoiries, tête de bœuf.*

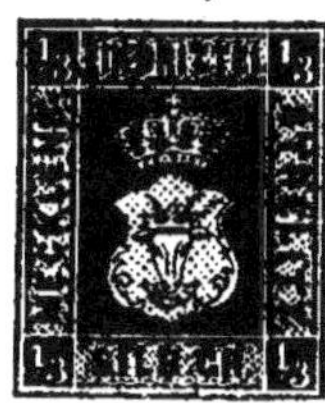

			Neufs.	Oblitér.
1.	1/4 silb.	orange...	» 10	» »
2.	1/3 »	vert.....	» 15	» »
3.	1 »	rose.....	» 25	» »
4.	1 schill.	violet....	» 25	» »
5.	2 silb.	bleu.....	» 50	» »
6.	3 »	bistre....	» 75	» »

ENVELOPPES.

Même type.

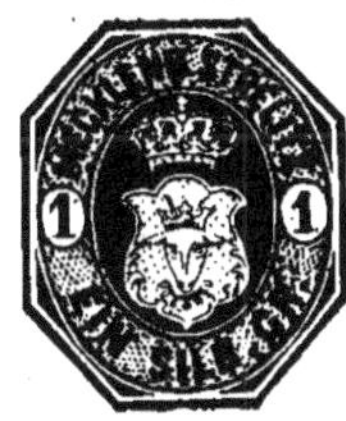

			Neufs.	Oblitér.
7.	1 silb.	rose.......	» 25	» »
8.	2 »	bleu.......	» 50	» »
9.	3 »	bistre......	» 75	» »

MEXIQUE.

1857. *Effigie, couleur sur blanc.*

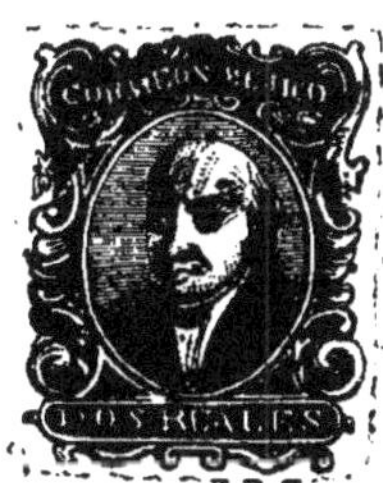

			Neufs.	Oblitér.
1.	1/2 réal	bleu foncé.	3f »	» »
2.	1/2 »	bleu......	3f »	» »
3.	1 »	orange....	3f »	» »
4.	1 »	jaune.....	3f »	» »
5.	2 »	vert.......	3f »	» »
6.	2 reales	vert jaune.	3f »	» »
7.	4 »	rouge.....	5f »	» »
8.	8 »	violet.....	10f »	» »

Les mêmes, avec le nom des villes imprimé en noir.

			Neufs.	Oblitér.
9.	1/2 réal	bleu foncé.	3f »	» »
10.	1/2 »	bleu pâle..	» »	1f50
11.	1 »	jaune.....	» »	» 75
12.	1 »	jaune pâle.	» »	» 75
13.	2 »	vert......	» »	» 75
14.	2 »	vert jaune.	» »	» 75
15.	2 »	vert bleu..	» »	» 75
16.	4 »	rouge.....	» »	2f »
17.	8 »	violet.....	» »	6f »

1861. *Même type, imp. noir sur couleur.*

			Neufs.	Oblitér.
18.	1/2 réal	chamois..	4f »	» »
19.	1 »	vert......	2f »	» »
20.	2 »	rose......	2f »	» »
21.	4 »	jaune.....	6f »	» »
22.	8 »	fauve.....	10f »	» »

Les mêmes, avec le nom des villes imprimé en noir.

			Neufs.	Oblitér.
23.	1/2 réal	chamois...	» »	2f »
24.	1 »	vert.......	» »	» 75
25.	2 »	rose.......	» »	» 50
26.	4 »	jaune.....	» »	5f »
27.	8 »	fauve......	» »	8f »

Même type, couleur sur couleur.

			Neufs.	Oblitér.
28.	4 reales	rouge s. jaune	5f »	» »
29.	8 »	vert s. fauve.	10f »	» »

Les mêmes, avec inscription noire.

			Neufs.	Oblitér.
30.	4 reales	rouge s. jaune	» »	2f »
31.	8 »	vert s. fauve.	» »	2f »

1864. *Aigle impériale.*

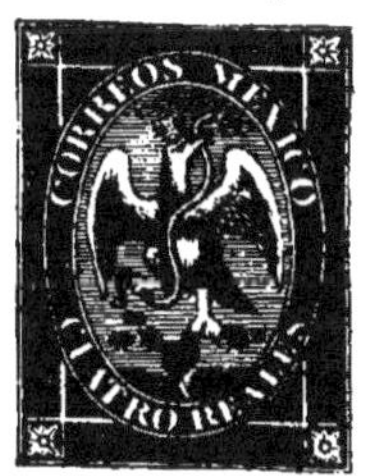

			Neufs.	Oblitér.
32.	3 centav.	brun.....	2f »	» »
33	1/2 réal	lilas.....	2f »	» »

Neufs. Oblitér.

34. 1 real bleu..... 2f » » »
35. 2 » jaune.... 2f » » »
36. 4 » vert...... 4f » » »
37. 8 » rouge.... 8f » » »

Les mêmes, avec nom de villes en noir.

38. 3 centav. brun.... 2f » » »
39. 1/2 réal brun..... » » 1f50
40. 1/2 » lilas..... » » 1f »
41. 1 » bleu..... » » 1f »
42. 2 » orange... » » » 75
43. 4 » vert..... » » » 75
44. 8 » rouge.... » » 1f »

Les mêmes, avec nom de ville et date d'émission en noir.

45. 3 centav. brun..... 1f » » »
46. 1/2 réal brun.... 1f50 » »
47. 1/2 » lilas .... » 75 » »
48. 1 » bleu..... 1f25 » 75
49. 1 » bleu ciel. » » » 75
50. 2 » orange... 2f50 » 50
51. 2 » jaune.... » » » 75
52. 4 » vert..... 4f » » 50
53. 8 » rouge.... 8f » » 50

1866. *Effigie de l'empereur Maximilien.*

54. 7 cents brun...... » » 1f »
55. 25 » jaune..... » » 1f »
56. 50 » vert....... » » 1f »

MODÈNE.

GOUVERNEMENT DUCAL.

1854. *Aigle, noir sur papier de couleur.*

1. 5 cent. vert foncé. » 50 » »
2. 5 » vert...... » 25 » »
3. 10 » rose...... » 25 » »
4. 10 » violet.... » 50 » »
5. 15 cent jaune..... » 25 » »
6. 25 » paille..... » 25 » »
7. 40 » bleu...... » 25 » »
8. 40 » bleu clair. » 25 » »
9. 1 lira blanc..... 1f » » »
10. 9 cent. B.G. violet. 2f » » »
11. 9 » B. G. violet. 1f » » 50

Mêmes timbres, avec fautes typographiques.

12. 5 CNET vert...... 3f » » »
13. 5 CEN1 vert...... 3f » » »
14. 5 CCNT vert...... 3f » » »
15. 5 EENT vert...... 3f » » »
16. » CENT (sans 5)... 3f » » »
17. 10 CEN1 violet..... 3f » » »
18. 10 CNET rose...... 3f » » »
19. 10 CzET rose..... 3f » » »
20. 10 CENE rose...... 3f » » »
21. 10 CE6T rose...... 3f » » »
22. 15 CETN jaune..... 3f » » »
23. 40 CNET bleu...... 3f » » »
24. 40 CENE bleu...... 3f » » »
25. 40 CE6T bleu...... 3f » » »
26. 49 CENT bleu...... 3f » » »
27. 4C CENT bleu...... 3f » » »

TASSA GAZETTE.

28. 10 cent. blanc..... » 75 » »

GOUVERNEMENT PROVISOIRE.

1859. *Croix de Savoie.*

29. 5 cent. vert....... » 50 » »
30. 15 » brun....... » 50 » »
31. 15 » gris....... » 50 » »
32. 20 » lilas....... » 75 » »
33. 20 » bleu....... » 50 » »
34. 40 » rose....... » 50 » »
35. 40 » rose pâle... » 50 » »
36. 80 » orange vif.. » 75 » »
37. 80 » orange pâle. » 75 » »

Les mêmes, avec fautes d'impression.

38. 5 au lieu de 15 c. brun 3f » » »
39. 20 ECNT lilas........ 3f » » »
40. 20 ECNT bleu....... 3f » » »
41. 8 au lieu de 80 c. orange........... 3f » » »
42. 80 CREY orange..... 3f » » »

MOLDAVIE.

1853. *Tête de bœuf dans un rond, papier de couleur, vergé.*

			Neufs.	Oblitér.	
1.	54 paras	vert......	5f	»	» »
2.	81 »	bleu.....	5f	»	» »
3.	108 »	rose.....	5f	»	» »

Les mêmes, papier uni.

4.	54 paras	vert......	2f	»	» »
5.	81 »	bleu......	2f	»	» »
6.	108 »	rose......	3f	»	» »

NOTA. On a imprimé ces timbres avec des gravures qui ne sont pas identiques.

Tête de bœuf dans un carré, papier bleuté.

7.	5 paras	noir.......	6f	»	» »
8.	40 »	bleu......	6f	»	» »
9.	80 »	rouge.....	6f	»	» »

Les mêmes, papier blanc.

10.	5 paras	noir.......	» 75	»	»
11.	40 »	bleu......	1f50	»	»
12.	80 »	rouge.....	3f	»	» »

Les mêmes, type un peu différent.

13.	5 paras	noir.......	» 75	»	»
14.	40 »	bleu......	1f50	»	»
15.	40 »	verdâtre..	2f	»	» »
16.	80 »	rouge.....	3f	»	» »

MOLDO-VALACHIE.

1862. *Tête de bœuf et aigle.*

17.	3 paras	orange....	» 50	»	»
18.	3 »	jaune pâle.	» 50	»	»
19.	6 »	rouge.....	» 50	»	»
20.	6 »	brun......	» 50	»	»
21.	6 »	rose......	» 25	»	»
22.	30 »	bleu......	» 75	»	»
23.	30 »	bleu foncé.	» 75	»	»

Les mêmes, papier vergé.

24.	3 paras	orange....	» 75	»	»
25.	6 »	rouge.....	» 75	»	»
26.	30 »	bleu......	1f	»	» »

1865. *Effigie du prince Couza.*

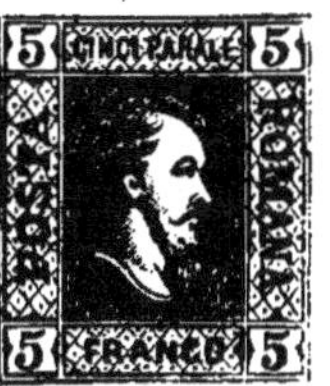

27.	2 paras	jaune.....	» 25	»	»
28.	2 »	orange....	» 25	»	»
29.	5 »	bleu......	» 25	»	»
30.	5 »	bleu foncé.	» 25	»	»
31.	20 »	rouge.....	» 50	»	»
32.	20 »	rouge vif..	» 50	»	»
33.	20 »	rouge vif (type diff.)	» 50	»	»

1866. *Même effigie, timbre n'ayant pu avoir cours.*

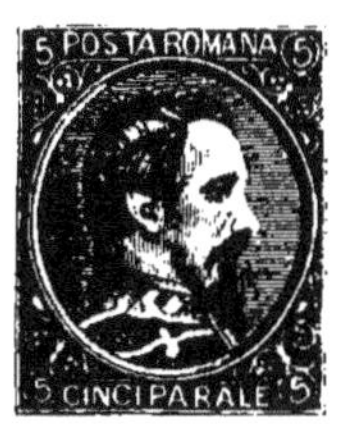

34.	2 paras	jaune.....	»	»	» »
35.	5 »	bleu.....	»	»	» »
36.	20 »	carmin....	»	»	» »

1866. *Effigie du prince de Hohenzollern, noir sur couleur.*

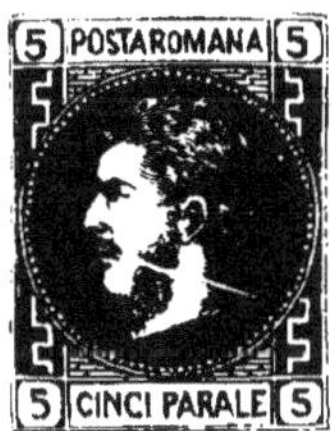

37.	2 parales	jaune...	»	»	» 25
38.	5 »	bleu.....	»	»	» 25
39.	20 »	rose.....	»	»	» 50

MONTEVIDEO.

1856. Diligencia, *soleil.*

				Neufs.		Oblitér.	
1.	60	cent.	bleu......	25f	»	15f	»
2.	80	»	vert.......	»	75	»	»
3.	80	»	vert pâle..	»	75	»	»
4.	1	réal	rouge.....	»	50	»	»
5.	1	»	rouge pâle.	»	50	»	»

1859. *Soleil, valeur indiquée deux fois.*

6.	120	centes.	bleu...	25f	»	15f	»
7.	180	»	vert....	»	50	»	»
8.	180	»	vert pâle	»	50	»	»
9.	240	»	rouge...	»	25	»	»
10.	240	»	rouge pâle	»	25	»	»

Même genre, plus petit, valeur indiquée une fois, chiffres minces.

11.	60	centes.	lilas....	»	»	1f	»
12.	80	»	jaune....	»	»	2f	»
13.	100	»	carmin...	»	»	2f	»
14.	120	»	bleu.....	»	»	1f	»
15.	180	»	vert.....	»	»	2f	»
16.	240	»	rouge....	»	»	2f	»

Les mêmes, chiffres gras.

17.	60	centes.	lilas foncé	1f	»	»	25
18.	60	»	lilas clair.	1f	»	»	25
19.	60	»	brun.....	»	»	»	25
20.	80	»	jaune....	1f25		»	»
21.	80	»	orangé...	»	»	1f	»
22.	100	»	rose.....	1f50		»	»
23.	100	»	carmin...	»	»	1f	»
24.	120	»	bleu.....	1f50		»	50
25.	120	»	bleu pâle.	»	»	»	50
26.	180	»	vert.....	2f	»	»	»

1864. Republica oriental, *armes.*

27.	6	centes.	rose......	»	75	»	»
28.	6	»	rouge.....	»	»	1f50	
29.	8	»	vert......	»	75	»	»
30.	10	»	jaune....	1f25		»	»
31.	12	»	bleu......	1f25		»	»

1866. *Grand chiffre.*

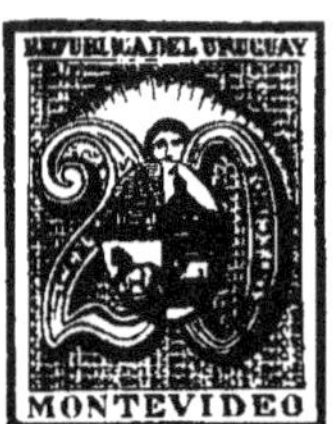

				Neufs.		Oblitér.	
32.	5	centes.	bleu......	»	75	»	25
33.	10	»	vert......	1f25		»	»
34.	15	»	jaune.....	1f50		»	»
35.	20	»	carmin....	2f	»	»	»

ENVELOPPES.

1866. *Chiffre, relief et couleur sur blanc.*

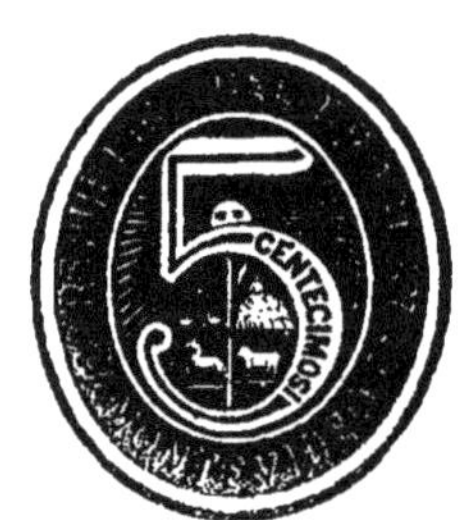

36.	5	centes.	bleu....	»	75	»	»
37.	10	»	vert.....	1f25		»	»

NATAL.

1857. *Nom, couronne et valeur en relief, sur pap. de couleur.*

1.	1	penny	jaune.....	»	»	4f	»
2.	1	»	rose......	»	»	5f	»
3.	1	»	bleu......	»	»	6f	»
4.	3	»	rose......	»	»	3f	»
5.	6	»	vert......	»	»	10f	»
7.	9	»	bleu......	»	»	10f	»
8.	1	shill.	café au lait	»	»	12f	»

1860. *Reine, couleur sur blanc.*

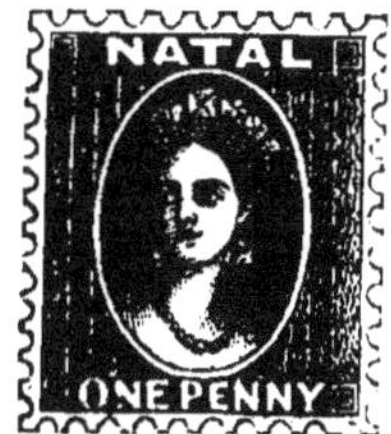

		Neufs.	Oblitér.
9.	1 penny carmin...	» »	» 25
10.	3 » bleu......	» »	» 50
11.	6 » lilas......	» »	1f »

Les mêmes, étoile en filigrane, non dentelés.

12.	1 penny carmin...	» »	» 50
13.	3 » bleu......	» »	» 75

Les mêmes, dentelés.

14.	1 penny rouge....	» »	» 50
15.	3 » bleu......	» »	» 75

Les mêmes, CC en filigrane.

16.	1 penny rouge....	» 30	» 15
17.	3 » bleu......	» »	» 25
18.	6 » violet	1f50	» 75

NÉVIS.

1861. *Trois femmes au bord d'une source.*

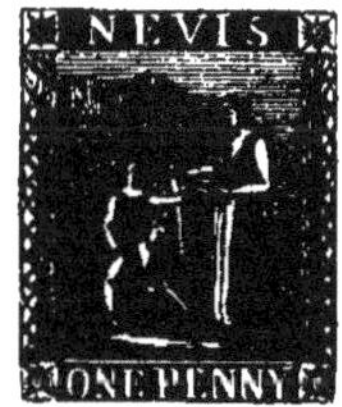

1.	1 penny rouge.....	» 25	» »
2.	4 » rose......	1f »	» »
3.	6 » violet.....	1f25	» »
4.	1 shill. vert.......	2f50	» »

NICARAGUA.

1862. *Montagnes.*

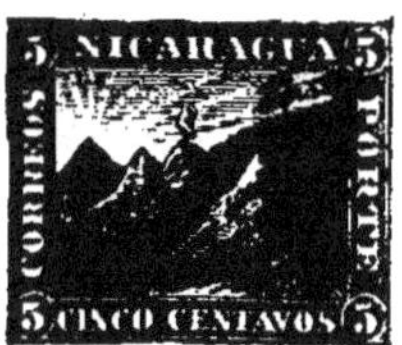

		Neufs.	Oblitér.
1.	2 cent. bleu.......	» 75	» »
2.	5 » noir.......	» 75	» »

NORVÉGE.

1854. *Lion dans un écusson.*

1.	4 sk. bleu.........	1f »	» 10

1854-57. *Oscar Ier.*

2.	2 sk. jaune.......	» 25	» 15
3.	3 » lilas........	» »	» 25
4.	4 » bleu.........	» »	» 10
5.	8 » carmin......	» »	» 10

1863. *Lion dans un écu, dentelé.*

6.	2 sk. jaune.......	» 25	» »
7.	3 » lilas.........	» 35	» »
8.	4 » bleu........	» »	» 15
9.	8 » rose........	» »	» 15
10.	24 » bistre	» »	» 25

1866. *Spécial à la ville de Drontheim.*

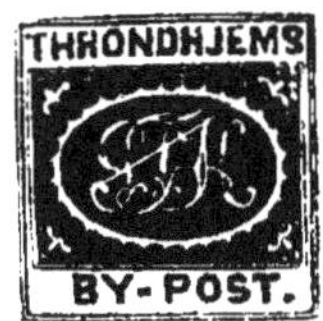

11.	» brun.......	» 25	» »

NOUVEAU BRUNSWICK.

1851. *Fleurs de la Grande-Bretagne.*

1.	3 pence brun rouge	» »	1f »
2.	6 » jaune.....	» »	8f »
3.	1 shill. violet.....	» »	15f

ESSAI.

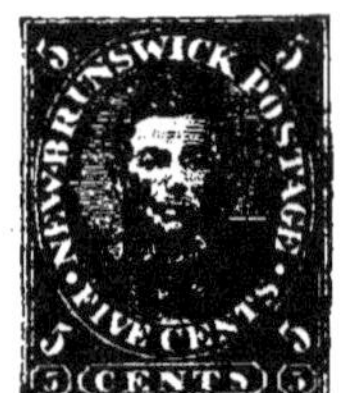

1860. *Types divers.*

		Neufs.	Oblitér.
4.	1 c. brun (locomotive)........	» 50	» »
5.	1 » violet (locomotive)	» 25	» »
6.	2 » orange (reine).	» 25	» »
7.	5 » vert (reine)..	» »	» 15
8.	5 » vert foncé (r.).	» »	» 25
9.	10 » rouge (reine).	» »	» 50
10.	12 » 1/2 bleu (steamer.........	» »	» 60
11.	17 » noir (prince de Galles)......	» »	1f 25

NOUVELLE CALÉDONIE.

1860. *Napoléon III, lithographie.*

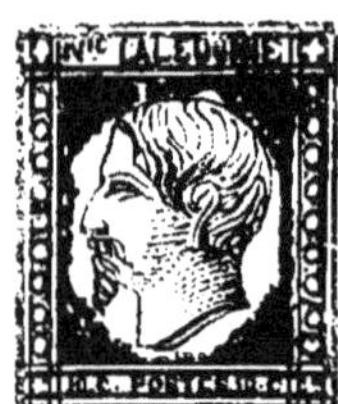

1. 10 cent. gris......	2f »	»	»

NOTA. La feuille est composée de 50 timbres tous différents un peu de dessin.

Elle vaut environ..	80f »	»	»
La même, photog....	3f »	»	»

NOUVELLE ÉCOSSE.

Carré, reine, couleur sur bleuté.

1. 1 penny brun rouge	»	»	3f »

Fleurs de la Grande-Bretagne.

2. 3 pence bleu......	»	»	» 50
3. 6 » vert......	»	»	3f »
4. 6 » vert jaune	»	»	3f »
5. 1 shill. violet.....	»	»	15f »

Reine.

		Neufs.	Oblitér.
6.	1 cent noir........	» 20	» 15
7.	2 » lilas.......	» 30	» 25
8.	5 » bleu........	» 50	» 10
9.	5 » bleu foncé..	» »	» 15
10.	8 c. 1/2 vert.......	1f »	» 75
11.	10 » vermillon .	1f »	» 50
12.	12 c. 1/2 noir......	1f 25	» 50

NOUVELLE GALLES DU SUD.

1850. *Vue de Sidney.*

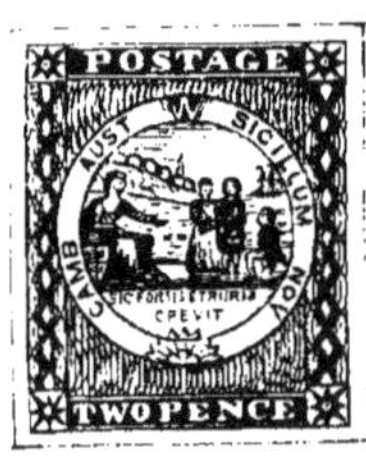

1. 1 penny carmin sur bleuté ...	»	»	5f	»
2. 1 » carmin sur blanc....	»	»	5f	»
3. 1 » carmin avec nuages...	»	»	5f	»
4. 1 » brun......	»	»	5f	»
5. 1 » carmin foncé	»	»	5f	»
6. 2 » bleu......	»	»	5f	»
7. 2 » ardoise....	»	»	5f	»
8. 2 » bleu noir..	»	»	5f	»
9. 2 » bleu, stries verticales.	»	»	7f	»
10. 2 » bleu, stries horizont..	»	»	5f	»
11. 2 » bleu, avec nuages...	»	»	5f	»
12. 2 » bleu, sans nuages...	»	»	5f	»
13. 3 » vert clair..	»	»	5f	»
14. 3 » vert foncé.	»	»	5f	»

1852. *Effigie laurée, papier bleuté.*

15. 1 penny rouge.....	»	»	2f	»
16. 1 » rouge brun	»	»	3f	»
17. 2 » bleu......	»	»	»	75
18. 2 » violacé...	»	»	1f	»
19. 3 » vert......	»	»	1f	50
20. 6 » brun.....	»	»	3f	»
21. 8 » jaune.....	»	»	15f	»

Même type, papier blanc.

Neufs. Oblitér.

22. 1 penny rouge..... » » 2f »
23. 2 » bleu...... » » 1f »
24. 2 » bleu pâle.. » » 1f »
25. 3 » vert....... » » 1f25

1861. *Effigie diadémée.*

26. 1 penny rouge vif.. » » 1f50
27. 1 » orange.... » » 1f »
28. 2 » bleu...... » » 1f »
29. 3 » vert...... » » 1f »

Les mêmes, dentelés.

30. 1 penny rouge vif. » » 1f50
31. 1 » orange.... » » » 50
32. 1 » rouge pâle. » » » 25
33. 2 » bleu ..... » » » 50
34. 2 » bleu vif... » » » 50
35. 3 » vert foncé. » » » 75
36. 3 » vert clair. » » » 75

Grands timbres, fond octogone.

37. 5 pence vert...... 3f50 » »
38. 6 » vert...... » » 1f »
39. 6 » gris....... » » 1f »
40. 8 » jaune..... » » 2f »
41. 1 shill. rouge pâle. » » » 50

Les mêmes, dentelés.

42. 5 pence vert...... 1f50 » »
43. 5 » vert foncé. 2f50 » »
44. 6 » gris....... » » 1f »
45. 6 » brun...... » » 1f »
46. 6 » verdâtre.. » » 1f »
47. 6 » violet..... » » » 25
48. 8 » jaune..... 2f » » »
49. 1 shill. rougeâtre. » » » 50
50. 1 » carmin vif. » » » 50
51. 1 » rose...... » » » 35
52. 5 » violet(rond) » » 2f »

1862. *Effigie, cadre cintré.*

53. 2 pence bleu...... » » » 25

1864. *Effigie, papier glacé.*

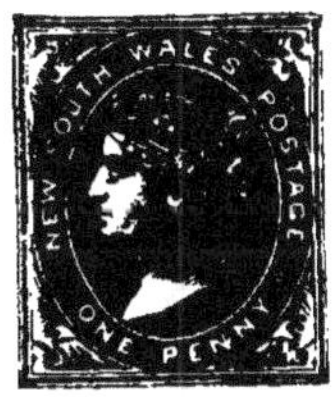

54. 1 penny rouge.... » 25 » »

Neufs. Oblitér.

55. 1 penny brique.... » 25 » »
56. 1 » brique, sans filigrane.. » » » 25

REGISTERED. *Effigie.*

57. Orange et bleu, sans filigrane......... » » 4f »
58. Rouge et bleu, sans filigrane.......... » » 1f50

Dentelés.

59. Orange et bleu, avec filigrane. .... » » 4f »
60. Rouge et bleu, avec filigrane........ 1f50 » »

BANDES POUR IMPRIMÉS.

1864. *Ovale, effigie, relief et couleur.*

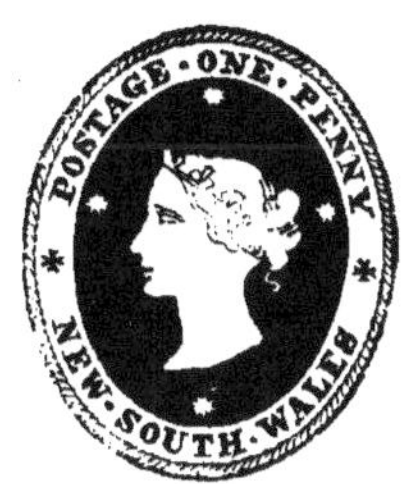

61. 1 p. rouge, papier uni » » » 50
62. 1 p. rouge, p. vergé » 50 » »
63. 1 p. rouge pâle, p. vergé....... » 50 » »

1865. *Timbre de 1864, imprimé sur bande.*

64. 1 penny rouge.... » 35 » »

NOUVELLE GRENADE.

1859. CONFED. GRENADINA, CORRÉOS NACIONALES. *Valeur en gros chiffres.*

1. 5 centav. violet.... 2f » » »
2. 5 » brun.... 2f » » »
3. 5 » brun foncé 2f » » »
4. 10 » jaune.... 4f » » »
5. 20 » bleu..... 4f » » »

1860. *Les mêmes, petits chiffres.*

		Neufs.	Oblitér.
6.	2 1/2 centav. vert....	2f »	» »
7.	2 1/2 » vert foncé	2f »	» »
8.	2 1/2 » vert jaune	3f »	» »
9.	5 » bleu....	3f »	» »
10.	5 » lilas....	3f »	» »
11.	5 » gris....	3f »	» »
12.	10 » jaune...	3f »	» »
13.	10 » orange..	3f »	» »
14.	10 » rouge...	3f »	» »
15.	20 » bleu....	3f »	» »
16.	20 » bleu foncé	3f »	» »
17.	1 peso rose vif....	10f »	» »
18.	1 » rose.......	9f »	» »
19.	1 » rose, s. bleuté	5f »	» »

1861. *Grand format.* Estados Unidos de Nueva Grenada.

		Neufs.	Oblitér.
20.	2 1/2 centav. noir....	8f »	» »
21.	5 » jaune....	6f »	» »
22.	5 » jaune terne	6f »	» »
23.	10 » bleu.....	» »	4f »
24.	20 » rouge....	6f »	» »
25.	1 peso rose......	12f »	» »

1862. E. U. de Colombia, etc., *Etoiles autour des armoiries.*

		Neufs.	Oblitér.
26.	10 centav. bleu.....	3f »	» »
27.	20 » rouge....	4f »	» »
28.	50 » vert.....	4f »	» »
29.	1 peso lilas.....	10f »	» »

1863. *Même genre, lauriers, neuf étoiles en haut.*

		Neufs.	Oblitér.
30.	5 centav. jaune....	» 75	» »
31.	10 » bleu.....	» »	1f50
32.	10 » bleu foncé	» »	1f50
33.	10 » bleu, pap. bleuté...	» »	1f50
34.	20 » rouge....	» »	3f »
35.	50 » vert.....	» »	4f »

1864. *Même type, ond plein.*

		Neufs.	Oblitér.
36.	5 centav. jaune....	» 75	» »
37.	10 » bleu.....	1f25	» »
38.	20 » rouge....	2f50	» »
39.	50 » vert.....	5f »	» »
40.	1 peso lilas.....	8f »	» »

1865. *Armoiries, aigle en haut.*

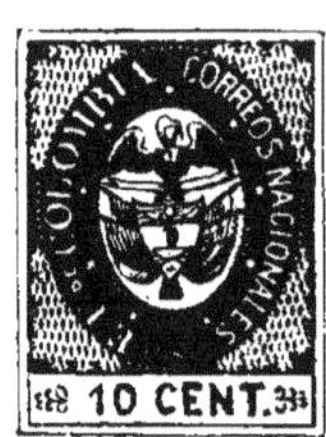

		Neufs.	Oblitér.
41.	5 centav. jaune.....	» 75	» 50
42.	10 » lilas......	1f »	» 50
43.	10 » violet.....	1f50	» 50
44.	20 » bleu......	2f »	» 75
45.	50 » vert......	5f »	» »
46.	1 peso carmin....	9f »	» »
41 *bis*.	5 cent. jaune pâle	75f »	» »
45 *bis*.	50 » vert clair...	5f »	» »
46 *bis*.	1 peso vermillon.	9f »	» »

1866. *Armoiries, cadre festonné.*

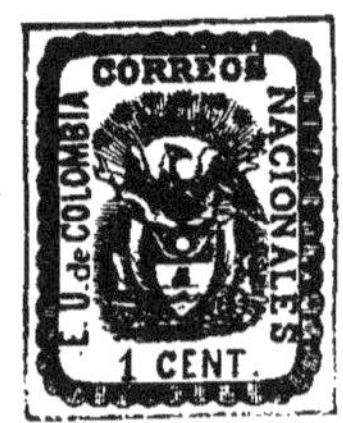

		Neufs.	Oblitér.
47.	1 cent. rose......	» 25	» »

CHIFFRE-TAXE.

Triangulaire

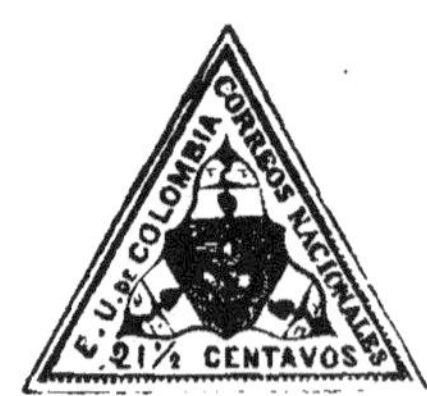

		Neufs.	Oblitér.
48.	2 1/2 cents lilas...	» 50	» »

Pour lettres chargées.

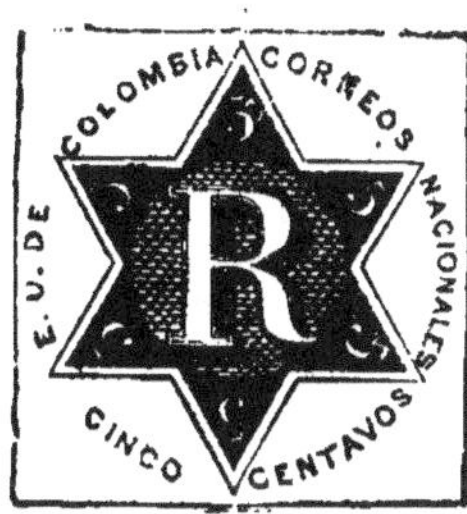

		Neufs.	Oblitér.
49. 5 cent.	**blanc, R et étoile.....**	» 75	» »

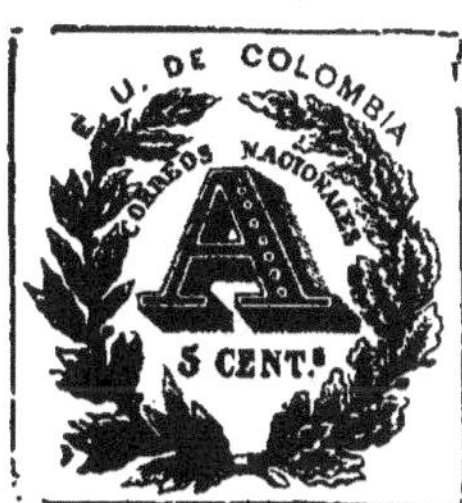

50. 5 »	**blanc, A et couronne..**	» 75	» »

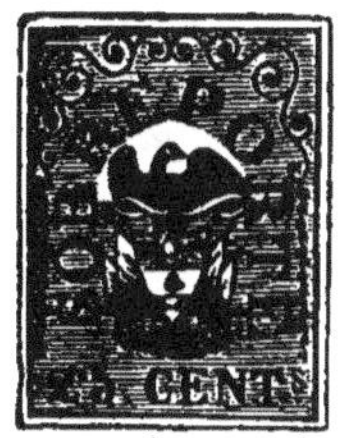

51. 25 »	**bleu.......**	3f	» » »

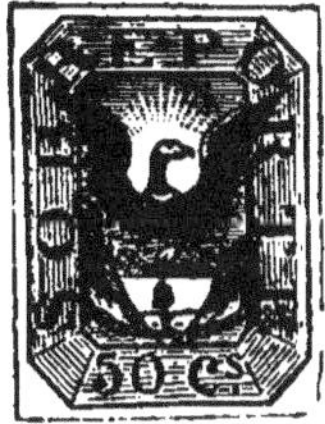

52. 50 »	jaune......	5f	» » »

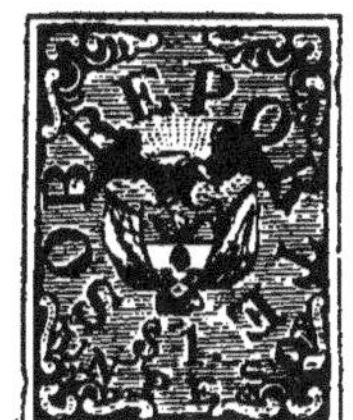

		Neufs.	Oblitér.
53. 1 peso	lilas.......	9f »	» »

Grande vignette en chromo.

54. 25 cent.	tricolore..	3f »	» »
55. 50 »	tricolore...	5f »	» »

NOUVELLE ZÉLANDE

Reine, couleur sur bleuté.

1. 1 penny	brun rouge	» »	8f	»
2. 2 »	bleu......	» »	2f	»
3. 1 schill.	vert......	» »	5f	»

Même type, papier blanc épais.

4. 1 penny	rouge.. ..	» »	»	75
5. 2 »	bleu......	» »	»	50
6. 6 »	brun clair.	» »	»	50
7. 1 schill.	vert......	» »	1f	»
8. 1 »	vert bleu..	» »	1f	50

Les mêmes, papier mince.

9. 2 pence	bleu......	» »	2f	»
10. 6 »	marron ..	» »	1f	»
11. 1 schill.	vert......	» »	2f	»

Les mêmes, dentelés à la roulette ou à la machine.

12. 2 pence	bleu.....	» »	»	50
13. 6 »	marron...	» »	1f	»
14. 1 schill.	vert.... .	» »	1f	»

Les mêmes, étoile en filigrane.

15. 1 penny	rouge....	» 25	»	»
16. 2 pence	bleu......	» 50	»	25
17. 3 »	violet....	» 75	»	»
18. 4 »	rose......	» »	1f	25
19. 4 »	jaune....	1f25	»	»
20. 6 »	brun noir.	» »	»	25
21. 6 »	marron...	» »	»	25
22. 1 schill.	vert......	» »	»	75
23. 1 »	vert jaune	» »	»	75

Les mêmes, N.Z. en filigrane.

			Neufs.	Oblitér.
24.	1 penny	rouge.. ..	» 25	» »
25.	2 pence	bleu......	» »	» 25
26.	3 »	violet....	» 75	» »
27.	6 »	brun.....	» »	» 25
28.	1 schill.	vert......	» »	» 75

OCÉAN PACIFIQUE

(Navigation à vapeur de l')

1857. Navire.

1.	1/2 oz.	1 réal bleu..	3f »	» »
2.	1/2 »	1 réal vert..	3f »	» »
3.	1/2 »	1 réal carm.	3f »	» »
4.	1/2 »	1 réal orange	3f »	» »
5.	1 »	2 réales bleu	3f »	» »
6.	1 »	2 réales brun	3f »	» »
7.	1 »	2 réal. carm.	3f »	» »
8.	1 »	2 réal. oran.	3f »	» »
9.	1 »	2 réales vert	3f »	» »

OLDENBOURG

1851-1855. *Valeur dans un écusson noir sur couleur, carré.*

1.	1/3 silb.	vert.....	2f »	» »
2.	1/30 thal	bleu....	» »	» 25
4.	1/15 »	rose....	» »	» 75
5	1/10 »	jaune...	» »	» 75

1858. *Plus grands, noir sur couleur.*

6.	1/3 grosch	vert....	2f »	» »
7.	1 »	bleu....	» »	» 35
8.	2 »	rose....	» »	1f »
9.	3 »	jaune...	» »	1f25

1860. *Les mêmes, couleur sur blanc.*

10.	1/4 grosch	orange..	» 75	» »
11.	1/3 »	vert....	1f50	» »
12.	1/3 »	vert clair	» 75	» »
13.	1/2 »	brun ..	1f »	» »
14.	1 »	bleu....	1f25	» »
15.	2 »	rouge...	1f50	» »
16.	3 »	jaune...	2f »	» »

1862. *Ovales relief et couleur.*

17.	1/3 grosch	vert....	» 15	» »
18.	1/2 »	orange..	» 25	» »
19.	1 »	rose....	» 25	» »
20.	2 »	bleu ...	» 50	» »
21.	3 »	bistre ..	» 60	» »

ENVELOPPES.

1860. *Ovales relief et couleur.*

			Neufs.	Oblitér.
22.	1/2 grosch	marron.	1f »	» »
23.	1 »	bleu....	1f25	» »
24.	2 »	rose....	1f50	» »
25.	3 »	jaune...	1f75	» »

1862. *Petites ovales, relief et couleur.*

26.	1/2	orange........	» 25	» »
27.	1	rose..........	» 50	» »
28.	2	bleu..........	» 50	» »
29.	3	bistre.........	» 60	» ».

PARAGUAY.

ESSAI?

PARME

1852. *Fleur de lys, couleur sur blanc.*

1.	5 cent.	jaune.....	» »	2f »
2.	5 »	orange....	» »	2f »
3.	15 »	rouge.....	» »	» 50
4.	15 »	rouge foncé	» »	» 50
5	25 »	brun......	» »	» 50

Même type, noir sur couleur.

6.	5 cent.	jaune.....	» 50	» 25
7.	5 »	jaune foncé	» 50	» 25
8.	10 »	blanc......	» 50	» 25
9.	15 »	rose.......	» »	» 25
10.	25 »	violet......	» »	» 50
11.	40 »	bleu.......	» 50	» »

1857. *Le petit écusson, couleur sur blanc.*

12.	15 cent.	rouge......	» 50	» »
13.	25 »	brun......	» 50	» »
14.	40 »	bleu......	» 50	» »

1856. *Pour la ville, octogone, noir sur couleur.*

			Neufs.	Oblitér.
15.	6 cent.	rose......	» 25	» »
16.	6 »	rose pâle..	» 25	» »
17.	9 »	bleu.......	» 25	» »
18.	9 »	bleu pâle..	» 25	» »

GOUVERNEMENT PROVISOIRE.

1859. *Octogone, couleur sur blanc.*

19.	5 cent.	vert.......	» 50	» »
20.	5 »	vert bleu..	» 50	» »
21.	10 »	brun......	» 50	» »
22.	20 »	bleu......	» 50	» »
23.	40 »	rouge.....	» 50	» »
24.	40 »	brun......	» 50	» »
25.	80 »	jaune......	» 50	» »
26.	80 »	jaune foncé.	» 50	» »

PAYS-BAS

1852 *Roi Guillaume.*

1.	5 cent.	bleu foncé.	» »	» 25
2.	5 »	bleu......	» 25	» 10
3.	10 »	rouge.....	» »	» 10
4.	10 »	rouge foncé	» »	» 10
5.	15 »	orange....	» »	» 15
6.	15 »	orange foncé	» »	» 25

Même effigie, dentelés.

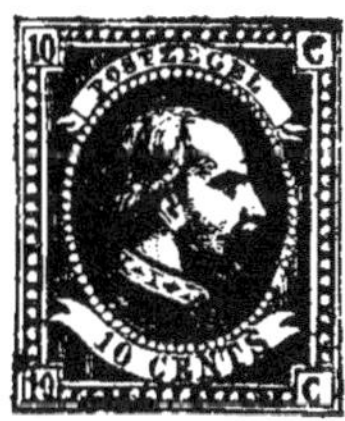

7.	5 »	bleu.......	» 25	» 10
8.	10 »	carmin....	» 40	» 10
9.	15 »	orange....	» 60	» 15

ESSAIS.

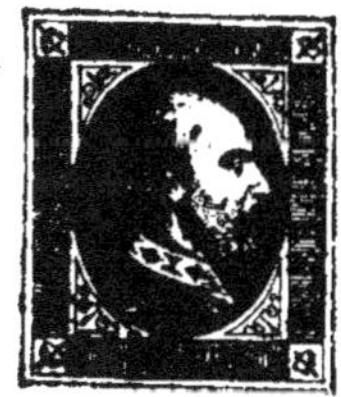

PÉROU

Armoiries, fond ondulé.

			Neufs.	Oblitér.
1.	1 dinero	bleu.....	» »	1f »
2.	1 peseta	rouge....	» »	4f »
3.	1/2 peso	jaune.....	» »	15f »

Mêmes, encadrement à double ligne.

4.	1 dinero	bleu pâle.	» »	1f50
5.	1 peseta	rouge	» »	3f »

Mêmes, armoiries fond blanc.

6.	1 dinero	bleu.....	» »	» 50
7.	1 peseta	rouge.....	» »	1f25

Mêmes, fond en zigzag.

8.	1 dinero	bleu......	» »	» 50
9.	1 peseta	rouge.....	» »	1f25

1863. *Armoiries en relief.*

10.	1 dinero	vermillon.	1f »	» 20
11.	1 »	rouge pâle.	1f »	» 15
12.	1 »	rose......	1f »	» 15
13.	1 peseta	brun	2f »	» 50

1866. *Lamas. Gravé, dentelé.*

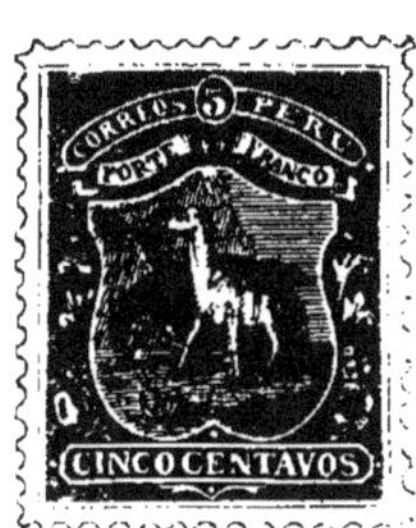

14.	5 cent.	vert......	» 75	» »

PERSE.

ESSAIS.

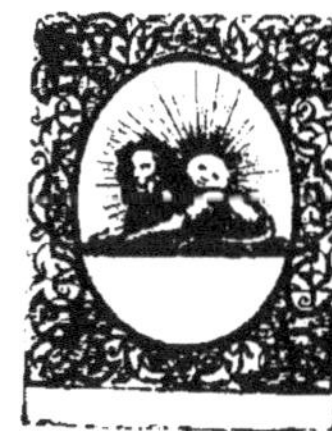

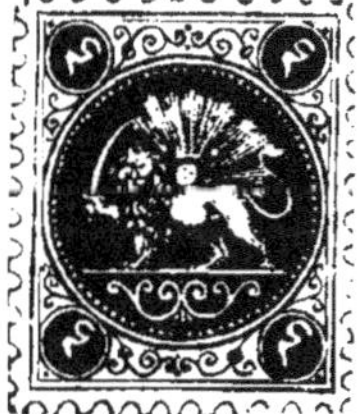

PHILIPPINES (ILES) (LUÇON).

1854 Y 55. *Reine Isabelle, gravés.*

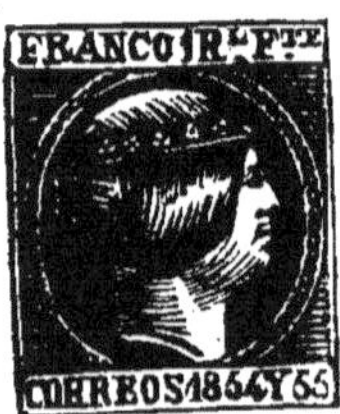

		Neufs.	Oblitér.	
1. 5 cuart. orange....	25f	»	»	»
2. 10 » carmin foncé	10f	»	»	»
3. 10 » rose tr.-pâle	25f	»	»	»
4. 1 r. fuerté bleu foncé	25f	»	»	»
5. 1 » ardoise....	25f	»	»	»
6. 1 » ardoise, avec CORROS...	30f	»	»	»
7. 2 » vert jaune..	25f	»	»	»
8. 2 » vert.......	25f	»	»	»

1854 Y 55. *Même genre, lithographiés.*

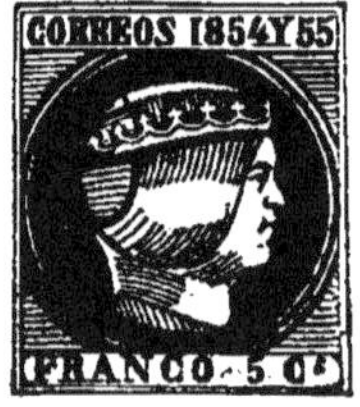

9. 5 cuart. orange....	25f	»	»	»
10. 10 » lilas......	40f	»	»	»

1856. *Type d'Espagne 1855, papier bleu, boucles en filigrane.*

11. 1 réal vert........	1f	»	»	»
12. 2 » carmin......	1f50		»	»

1860 *Même genre, papier blanc uni, base du buste coupée droit.*

13. 5 cuat. orangé.....	»	»	6f	»
14. 5 » vermillon..	»	»	5f	»
15. 10 » rose lilas...	2f	»	»	»

1861-62. *Même genre,* CORREOS. INTERIOR.

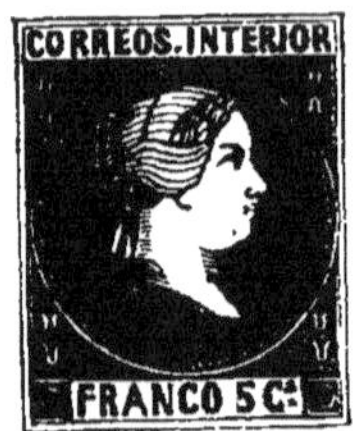

		Neufs.	Oblitér.	
16. 5 cuart. rouge vif.	4f	»	»	»

Idem. Légendes plus petites, CORREOS: INTERIOR.

17. 5 cuart. rouge laiteux	»	»	6f	»

1863. *Même type,* CORREOS: INTERIOR.

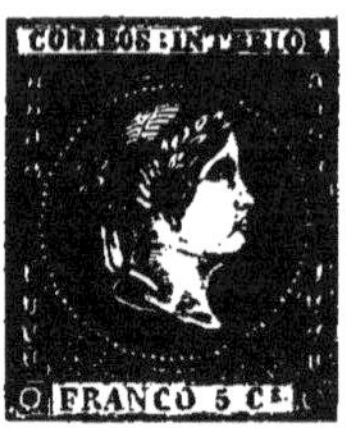

18. 5 cuart. vermillon.	»	75	»	»
19. 5 » vermillon (variété)..	3f	»	»	»
20. 10 » carmin....	8f	»	»	»
21. 1 réal violet.....	»	»	10f	»
22. 2 » bleu......	15f	»	»	»

1864. *Idem,* CORREOS.

23. 1 réal vert........	3f	»	»	»
24. 1 » vert clair...	3f	»	»	»

1864. *Type d'Espagne.*

25. 3 1/8 c. p.f. noir sur chamois	»	50	»	»
26. 6 2/8 » vert sur rosé...	»	75	»	»
27. 12 4/8 » bleu sur rouge..	1f50		»	»
28. 25 » rouge sur rosé...	2f50		»	»

POLOGNE

1860. *Aigle à deux têtes,* ZALOTKOP.

Neufs. Oblitér.
1. 10 kop. bleu et rose 1f » » 50

ENVELOPPES.

1860. *Rondes, armoiries russes.*

2. 3 kop. bleu (s. coin) 1f » » »
3. 3 » bleu (s. patte) 1f » » »
4. 10 » noir........ 1f » » »

Rondes timbrées à la patte de l'enveloppe, peu visibles, signatures derrière, rouges.

5. » grand format 4f » » »
6. » petit format. 4f » » »

PORTUGAL

1853. *Dona Maria, relief et couleur*

1. 5 reis brun jaune. 6f » » »
2. 5 » chocolat, réimprimé.. 2f » » »
3. 25 » bleu....... 1f » » 25
4. 50 » vert......... 1f25 1f »
5. 100 » violet...... 2f » 3f »

1855. *D. Pedro, cheveux lisses.*

6. 5 reis brun rouge. » » 1f »
7. 5 » marron..... » » 1f »
8. 25 » bleu....... » » » 50
9. 50 » vert....... 1f » » »
10. 100 » lilas....... 1f50 » »

1857. *Les mêmes, cheveux bouclés.*

11. 5 reis brun jaune. » » 1f25
12. 5 » brun noir.. » » 1f »
13. 25 » bleu....... » » » 20
14. 25 » rose....... » 40 » 10

1862. *D. Luis, à gauche.*

15. 5 reis brun....... » 15 » 05
16. 10 » jaune...... » 20 » 10
17. 25 » rose....... » 35 » 05
18. 50 » vert........ 1f » » »
19. 100 » lilas....... 1f50 » »

1866. *Rectang. D. Luis à droite.*

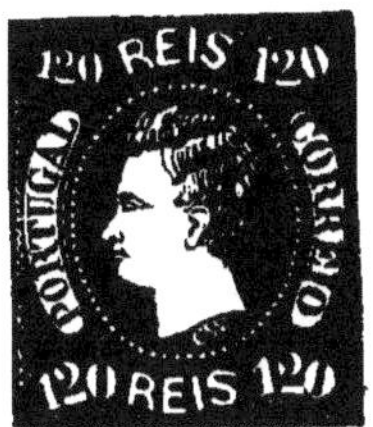

Neufs. Oblitér.
20. 5 reis .... » » » »
21. 10 » .... » » » »
22. 20 » jaune bistre » 30 » »
23. 25 » .... » » » »
24. 50 » .... » » » »
25. 80 » orange.... 1f » » »
26. 100 » .... » » » »
27. 120 » bleu...... 1f50 » »
28. 240 » .... » » » »

PRINCE ÉDOUARD

Effigie de la reine.

1. 1 penny jaune..... » 25 » »
2. 2 pence rose...... » 50 » »
3. 3 » bleu...... » 75 » 50
4. 6 » vert....... 1f50 » 75
5. 9 » lilas...... 2f » 1f »

PRUSSE

1858. *Effigie couleur sur blanc, feuillage en filigrane.*

1. 4 pf. vert......... 1f » » 25
2. 6 pf. ou 1/2 silb. rouge 1f » » 10

Idem sans filigrane.

3. 4 pf. vert......... » 25 » »
4. 6 pf. ou 1/2 silb. rouge » 25 » »

Même type, noir sur couleur, filigrane.

5. 1 sill. rose........ » » » 05
6. 2 » bleu......... » » » 10
7. 3 » jaune...... » » » 05
8. 3 » jaune clair.. » » » 10

Idem réimprimés, sans filigrane.

9. 1 sill. rose........ » 50 » »
10. 2 » bleu......... » 50 » »
11. 3 » jaune....... » 50 » »

1856. *Même genre, fond uni, couleur sur blanc.*

			Neufs.	Oblitér.
12.	1 sill.	rose........	» »	» 25
13.	1 »	rose foncé...	» »	» 25
14.	2 »	bleu........	» »	» 25
15.	2 »	bleu foncé..	» »	» 25
16.	3 »	jaune.......	» »	» 25
17.	3 »	orange.....	» »	» 25

Même type, fond quadrillé.

18.	4 pf.	vert........	» 25	» »
19.	1 sill.	rose........	» »	» 10
20.	1 »	rose pâle...	» »	» 10
21.	2 »	bleu........	» »	» 10
22.	2 »	bleu pâle...	» »	» 10
23.	3 »	jaune.......	» »	» 10

1861. *Aigle, relief et couleur.*

24.	3 pf.	violet.......	» 10	» »
25.	4 »	vert........	» 10	» 05
26.	6 »	rouge......	» 10	» 05
27.	1 sill.	rose.......	» 25	» 05
28.	2 »	bleu terne..	» »	» 25
29.	2 »	bleu vif....	» 40	» 05
30.	3 »	bistre......	» 60	» 05

ENVELOPPES.

1851. *Ovales, Guillaume IV en relief, fils de soie en travers.*

31.	1 sill.	rose foncé..	» »	» 50
32.	1 »	rose pâle...	1f50	» 50
33.	2 »	bleu foncé..	» »	» 50
34.	2 »	bleu pâle...	1f50	» 50
35.	3 »	orange.....	» »	» 75
36.	3 »	jaune......	1f50	» 75

857. *Les mêmes, sans fils de soie.*

37.	1 sill.	rose foncé...	1f »	» 15
38.	1 »	rose pâle...	1f »	» 15
39.	2 »	bleu foncé..	1f »	» 25
40.	2 »	bleu pâle...	1f »	» 25
41.	3 »	orange.....	1f »	» 25
42.	3 »	jaune......	1f »	» 25

1852. *Octogones, fils de soie.*

43.	4 sill.	brun.......	» »	3f »
44.	5 »	violet......	» »	3f »
45.	6 »	vert........	» »	3f »
46.	7 »	brique......	» »	3f »

Les mêmes réimprimées, sans fils.

			Neufs.	Oblitér.
47.	4 sill.	brun.......	2f »	» »
48.	5 »	violet......	2f »	» »
49.	6 »	vert........	2f »	» »
50.	7 »	brique.....	2f »	» »

1861. *Ovales, aigle, inscriptions passant au dessus du timbre.*

51.	1 sill.	rose........	» »	» 25
52.	2 »	bleu foncé..	» »	» 50
53.	2 »	bleu.......	» »	» 25
54.	3 »	bistre......	» »	» 25

1863. *Les mêmes, inscriptions traversant le timbre.*

55.	1 sill.	rose........	» 25	» 05
56.	2 »	bleu.......	» 50	» 05
57.	3 »	bistre......	» 60	» 05

1866. *Enveloppes de la guerre Feldpostbrief.*

58.	Noir sur blanc.....	» 15	» »
59.	Noir sur gris	» 50	» »
60.	Noir sur chamois...	» 50	» »

LETTRES CHARGÉES?

QUEENSLAND

1861. *Effigie, étoile en filigrane.*

1.	1 penny	carmin...	» »	1f »
2.	2 pence	bleu......	» »	1f25
3.	6 »	vert.......	» »	1f50
4.	1 sh.	violet.....	» »	2f »

Les mêmes, dentelés.

5.	1 penny	carmin...	» »	» 50
6.	1 »	orange....	» 25	» »
7.	2 pence	bleu......	» 50	» »
8.	2 »	bleu foncé.	» »	» 50
9.	3 »	brun......	» 75	» »
10.	6 »	vert jaune.	» »	» 50
11.	6 »	vert.......	1f50	» 50
12.	1 sh.	violet.....	2f50	» 50

			Neufs.	Oblitér.
13.	registered jaune.		2f »	» »
14.	» jaune foncé		» »	2f »

Les mêmes, papier uni.

			Neufs.	Oblitér.
15.	1 penny	rouge.....	» »	» 25
16.	2 pence	bleu......	» »	» 50
17.	3 »	brun......	» »	» 75
18.	6 »	vert......	» »	» 50
19.	1 sh.	brun......	2f50	1f »

RÉUNION (ILE DE LA)

1851. *Ornements, noir sur bleu.*

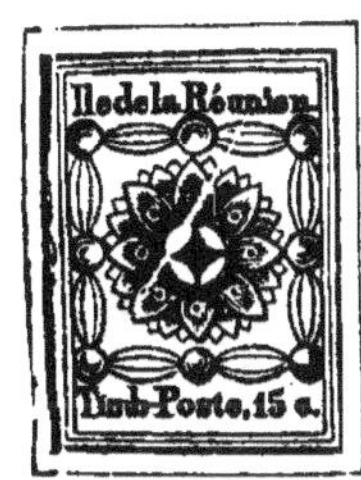

1. 15 cents rosace.. 100f » » »

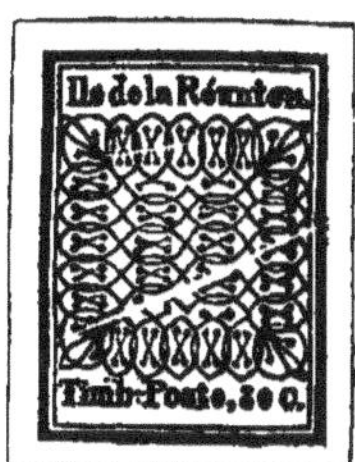

2. 30 » filets.... 100f » » »

Les mêmes, réimpr. (authentiques).

3. 15 cents. rosace... 5f » » »
4. 30 » filets..... 5f » » »

Feuille composée de 6 timbres différant légèrement entre eux, 25 fr.

ROMAGNE

1859. *Chiffre noir sur couleur.*

			Neufs.	Oblitér.
1.	1/2 baj.	paille.....	» 50	» »
2.	1 »	gris.......	» 50	» »
3.	2 »	jaune.....	» 50	» »
4.	3 baj.	vert......	» 50	» »
5.	4 »	fauve.....	» 50	» »
6.	5 »	violet.....	» 50	» »
7.	6 »	vert......	» 50	» »
8.	8 »	rose.......	» 50	» »
9.	20 »	bleu pâle .	» 50	» »

RUSSIE

1857. *Armes, deux impressions.*

1. 10 kop. brun et bleu » » 2f »

1858. *Même type, dentelés.*

2. 10 kop. brun et bleu » 50 » 10
3. 20 » bleu et orang. 1f50 » 25
4. 30 » rose et vert. 2f » » 25

1863. *Sans relief.*

5. 5 kop. noir et bleu » 75 » »

1864-66. *Couleurs à l'aniline.*

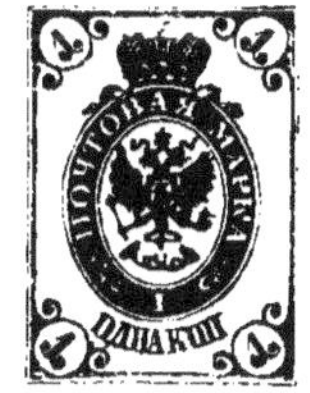

			Neufs.	Oblitér.
6.	1 kop.	jaune et noir	» 10	» 05
7.	3 »	vert et noir.	» 25	» 10
8.	5 »	violet et noir	» 50	» 25
9.	10 »	brun et bleu.	» 75	» 10
10.	20 »	bleu et orang.	1f50	» 25
11.	30 »	rose et vert.	2f »	» 25

ENVELOPPES

1845. *Ronde, correspondance locale.*

12. 5 kop. bleu sans relief.. ... » 50 » »
13. 5 » bleu vif.... » 75 » »

1848. *Ronde, relief, petit aigle dans un carré en filigrane.*

			Neufs.	Oblitér.
14.	10 kop.	noir........	» 75	» »
15.	20 »	bleu.......	1f50	» »
16.	20 »	bleu vert...	1f50	» »
17.	30 »	rose........	2f50	» »

Les mêmes, grand aigle dans un ovale en filigrane.

		Neufs.	Oblitér.
18.	10 kop. noir.......	» 75	» »
19.	20 » bleu vif....	1f50	» »
20.	30 » rouge......	2f »	» »

SAINTE-HÉLÈNE

1857. *Reine, étoile en filigrane.*

1.	6 pence bleu......	1f50	» »
2.	6 » bleu dentel.	3f »	» »

1863. *Même timbre, valeur timbrée en noir.*

3.	1 penny brun carm.	» 25	» »
4.	1 » id. dentelé	» 25	» »
5.	4 pence rose.......	1f »	» »
6.	4 » id. dentelé	1f »	» »
7.	1 shill. vert dentel.	2f50	» »

SAINTE-LUCIE

Effigie, étoile en filigrane.

1.	Rouge............	1f »	» »
2.	Bleu.............	» »	1f50
3.	Vert.............	» »	2f »

Les mêmes, CC en filigrane

4.	Rose..............	» 50	» »
5.	Ardoise...........	1f50	» »
6.	Vert clair.........	2f »	» »
7.	Noir...............	» 25	» »
8.	Jaune.............	1f »	» »
9.	Violet............	1f50	» »
10.	Orange...........	2f50	» »

SAINT-KITH.

1866. *Effigie.*

?

SAINT-THOMAS.

1860. *Type du Danemark.*

1.	3 cents. rouge sur blanc...	3f »	» »
2.	3 » rouge sur brun....	» 25	» »

SAINT-THOMAS. — LA GUAYRA PORTO CABELLO.

1864. *Vaisseau, noir sur couleur.*

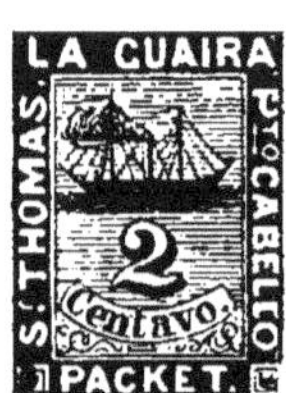

1.	1/2 cent. blanc....	» 15	» »
2.	1 » rose.....	» 15	» »
3.	2 » vert......	» 25	» »
4.	3 » jaune....	» 35	» »
5.	4 » bleu......	» 50	» »

Vaisseau, couleur sur blanc, dentelé.

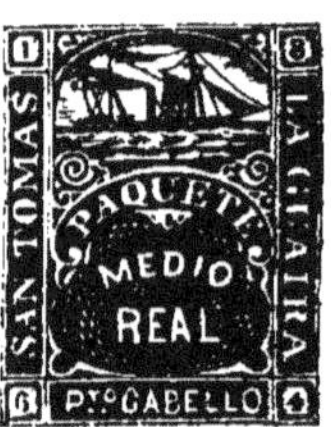

6.	1/2 real rose.....	1f »	» »
7.	2 » vert.....	2f »	» 25
8.	2 » vert jaune	2f »	» 25
9.	1/2 » ardoise...	1f »	» »
10.	2 » orange...	2f »	» »

Type un peu différent, grosse dentelure.

11.	1/2 real. rose.....	1f »	» »
12.	2 » vert......	2f »	» 25
13.	2 » vert jaune	2f »	» 25

SAINT-VINCENT

1861. *Reine Victoria.*

1.	1 penny carmin...	» 25	» »
2.	6 pence vert......	1f50	» 75

SAXE.

1850. *Chiffre.*

1.	3 pf. rose brun..	» »	3f »
2.	3 » rose......	» »	3f »

1851. ***Frédéric-Auguste, à droite, noir sur couleur.***

		Neufs.	Oblitér.
3.	1/2 neug. gris......	» »	» 25
4.	1 » rose......	» »	» 10
5.	2 » bleu foncé.	» »	» 25
6.	2 » bleu clair..	» »	» 25
7.	3 » jaune.....	» »	» 25

1852. ***Armoiries, couleur sur blanc.***

8.	3 pf. vert......	» 10	» »

1855. ***Roi Jean, à gauche, noir sur couleur.***

9.	1/2 neug. gris.......	» 25	» 10
10.	1 » rose......	» 25	» 10
11.	2 » bleu foncé.	» 50	» 10
12.	3 » jaune	» 75	» 10

1856. ***Même type, couleur sur blanc***

13.	5 neug. rouge....	» »	» 15
14.	5 » brun......	» »	» 25
15.	10 » bleu......	» »	» 75

1863. ***Armes, relief et couleur sur blanc.***

16.	3 pf. vert.......	» 10	» »
17.	1/2 neug. rouge.....	» 15	» 10
18.	1 » rose......	» 25	» 10
19.	2 » bleu......	» 50	» 10
20.	3 » bistre.....	» 60	» 10
21.	5 » violet.....	1f »	» 25

ENVELOPPES.

1859. ***Ovales, roi Jean, relief et couleur, timbrées à gauche.***

22.	1 neug. rose......	» 50	» 10
23.	2 » bleu foncé.	» »	» 25
24.	3 » jaune.....	» 50	» 15
25.	5 » violet.....	2f »	» 75
26.	10 » vert.......	2f50	1f »

Les mêmes, timbrées à droite.

27.	1 neug. rose......	» 75	» 10
28.	2 » bleu clair..	1f »	» 15
29.	3 » jaune.....	1f25	» 15
30.	5 » lilas......	» »	» 75

1863. ***Armoiries en relief.***

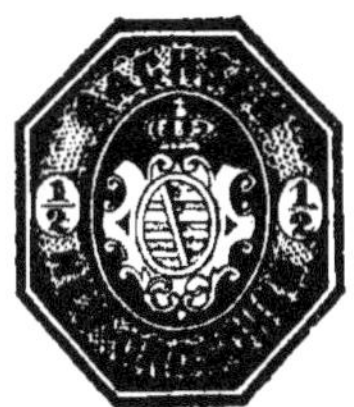

		Neufs.	Oblitér
31.	1/2 neug. orange....	» 15	» »
32.	1 » rose......	» 25	» »
33.	2 » bleu......	» 50	» 25
34.	3 » bistre.....	» 75	» 35
35.	5 » lilas......	1f »	» 50

DRESDE, OFFICE PARTICULIER.

1864. ***Timbre formé de lettres typographiques.***

36.	Noir sur rose......	» 75	» »

1865. ***Armoiries en couleur sur blanc.***

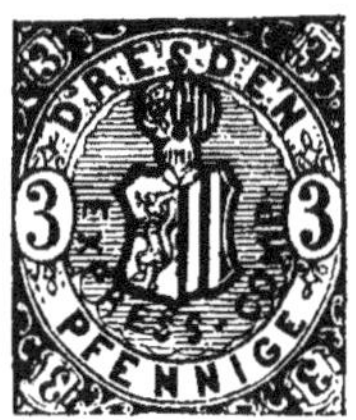

37.	3 pf. vert.......	» 15	» »
38.	1/2 neug. orange....	» 20	» »
39.	1 » rose.......	» 25	» »

1866. ***Les mêmes, dentelés.***

40.	3 pf. vert.......	» 15	» »
41.	1/2 » orange....	» 20	» »
42.	1 » rose......	» 25	» »

ENVELOPPES.

43.	1/2 neug. jaune.....	» 25	» »
44.	1/2 » jaune sur chamois...	» 25	» »

			Neufs.	Oblitér.
45. 1	neug.	rose......	» 25	» »
46. 1	»	rose sur chamois..	» 25	» »

1866. *Grands ronds, noir sur couleur.*

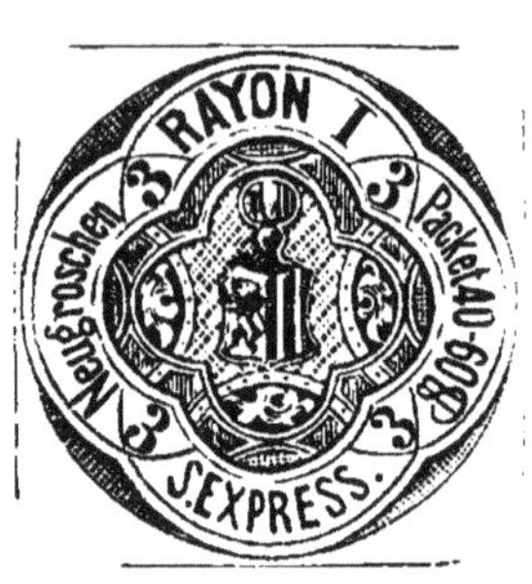

47	sill.	roses. blanc	» 25	» »
48	»	bleu......	» 50	» »
49. 2 1/2	»	rose......	» 50	» »
50. 3	»	chamois...	» 75	» »
51. 5	»	vert......	1f »	» »

1866. *Enveloppe de la guerre.*

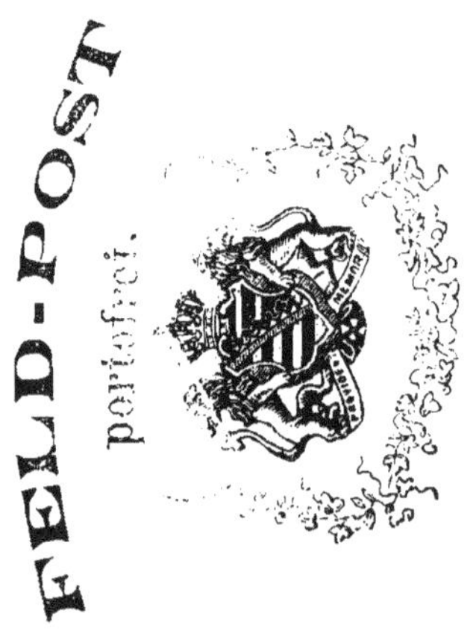

52. Noir sur vert...... » 75 » »

Enveloppe mandat de poste.

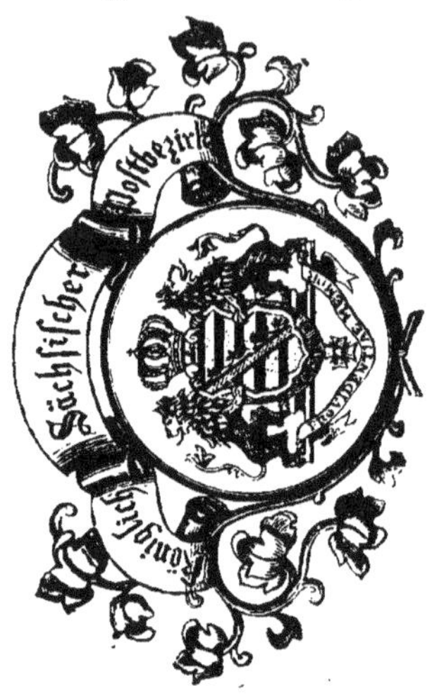

SCHLESWIG-HOLSTEIN

1850. *Armoiries, relief et couleur.*

1. 1	sch.	bleu....	3f »	» »
2. 2	»	rose.....	3f »	» »

1865. *Ovales, chiffre, relief et couleur.*

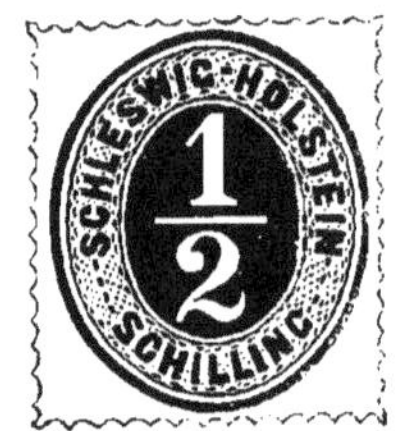

3. 1/2	sch.	rose.....	» 20	» »
4. 1 1/4	sch.	vert.....	» 25	» »
5. 1 1/3	»	lilas.....	» 25	» »
6. 2	»	bleu....	» 50	» »
7. 4	»	bistre...	» 75	» »

SCHLESWIG

1864. *Ovales, chiffre, relief et couleur.*

8. 1 1/4	sch.	vert.....	» 50	» »
9. 4	»	carmin..	» 75	» »

1865. *Même type.*

			Neufs.	Oblitér.
10.	1/2 sch.	vert....	» 20	» »
11.	1 1/4 »	lilas.....	» 25	» »
12.	1 1/3 »	rose.....	» 25	» »
13.	2 »	bleu....	» 50	» »
14.	4 »	bistre...	» 75	» »

SHANGHAI

1866. *Dragon, couleur sur papier blanc*

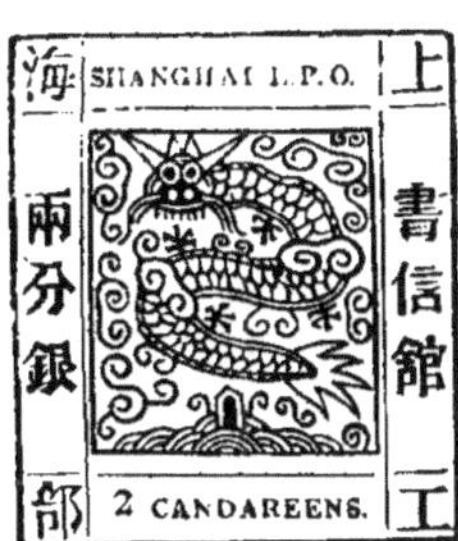

1.	1 cand.	bleu.......	» 50	» »
2.	2 »	noir.......	» 50	» »
3.	3 »	brun rouge	» 75	» »
4.	4 »	jaune.....	1f »	» »
5.	6 »	brun rouge	1f50	» »
6.	8 »	vert.......	1f50	» »
7.	16 »	vermillon..	3f »	» »

Les mêmes, papier vergé.

8.	1 cent.	bleu......	» 50	» »
9.	4 »	jaune......	1f »	» »

1866. *Type différent, dentelés.*

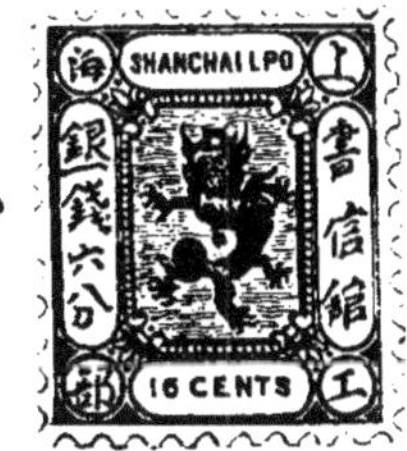

10.	2 cents	rose.......	» 50	» »
11.	4 »	lilas.......	1f »	» »
12.	8 »	bleu.......	1f50	» »
13.	16 »	vert........	3f »	» »

SIERRA LEONE

Reine Victoria.

			Neufs.	Oblitér.
1.	6 pence	violet dent.	1f25	» »
2.	6 »	violet non dentelé..	5f »	» »

SUÈDE

1855. *Armoiries.*

1.	3 sk.	vert.........	» »	» 50
2.	4 »	bleu........	» »	» 25
3.	4 »	bleu pâle....	» »	» 25
4.	6 »	gris........	» »	» 25
5.	8 »	jaune.......	» »	» 25
6.	8 »	orange......	» »	» 25
7.	24 »	rouge.......	» »	» 50
8.	24 »	rouge pâle...	» »	» 50

1858. *Même type.*

9.	5 öre	vert........	» 25	» 10
10.	5 »	vert clair....	» 25	» 10
11.	9 »	lilas.........	» »	» 10
12.	9 »	violet.......	» »	» 10
13.	12 »	bleu.........	» »	» 10
14.	12 »	bleu foncé...	» »	» 10
15.	24 »	orange......	» »	» 10
16.	24 »	jaune.......	» »	» 10
17.	30 »	brun........	» »	» 10
18.	30 »	brun pâle...	» »	» 10
19.	50 »	brun carmin.	» »	» 25
20.	50 »	carmin......	» »	» 15

LOKAL BREF.

21.	Noir (1855)........	1f50	» »
22.	Bistre (1862).......	» 25	» »

1863-66. *Lion et armes.*

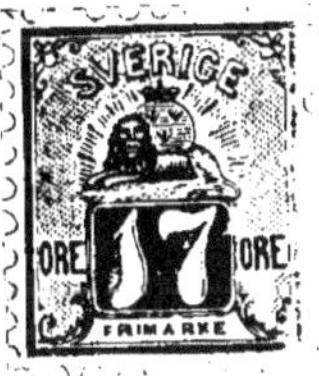

23.	3 öre.	bistre.......	» 15	» »
24.	17 »	violet.......	» 60	» »
25.	20 »	rouge.......	» 75	» »
26.	20 »	rouge brique.	» 75	» »

SUISSE

(Administration fédérale.)

1850. *Croix blanche sur fond rouge.*

Neufs. Oblitér.

1. 2 1/2 rap. orts-post, blanc... » » 1f50
2. 2 1/2 » poste locale blanc » » 1f50

Idem noir sur couleur.

3. 5 rap. bleu pâle.. » » » 25
4. 5 » bleu foncé. » » » 25
5. 5 » violacé.... » » » 50
6. 10 » jaune .... » » » 15
7. 10 » orange.... » » » 10

Idem couleur sur blanc.

8. 5 rap. bleu clair. » » » 20
9. 15 » rose...... » » » 25
10. 15 » rose. ..... » » » 75
11. 15 cent. rose....... » » 1f »

ADMINISTRATIONS CANTONALES.

BALE.

1845. *Colombe en relief, fond rose.*

12. 2 1/2 rap. noir et bleu » » 3f »

GENÈVE. *Clé et aigle, noir sur couleur.*

1844. *Petit format*, PORT LOCAL.

13. 5 cent. vert pomme » » 1f50

PORT CANTONAL

14. 10 cent. le précédent double... 10f » » »

Grand format, PORT CANTONAL.

15. 5 cent. vert clair.. » » 2f »
16. 5 » vert foncé. » » 2f »
17. 5 » vert pomme » » 1f50
18. 5 » vert sur blanc... » » 2f »

ENVELOPPES.

1845. *Type précédent.*

19. 5 cent. vert sur blanc... 2f » » »

NEUFCHATEL. *Croix blanche sur rouge.*

1848. *Rectangle en hauteur.*

Neufs. Oblitér.

20. 5 cent. blanc...... » » 3f »

VAUD. *Croix blanche sur rouge dans un cor.*

1848. *Rectangle en longueur.*

21. 4 cent. blanc...... » » 10f »
22. 5 » blanc..... » » 2f »

ZURICH. *Chiffre.*

1843. *Ligné rose verticalement.*

23. 4 rap. noir sur blanc... » » 1f »
24. 6 » » » » » » 50

Ligné rose horizontalement.

25. 4 rap. noir sur blanc.... » » 1f50
26. 6 » » » » » » 75

1849. *Oblong, croix blanche sur rouge dans un cor de poste, timbre dit par erreur de* Winterthur.

27. 2 1/2 rap. noir sur blanc... » » 3f »

POUR TOUTE LA SUISSE

1854-61. *Déesse de face, relief et couleur.*

28. 2 rap. gris...... » 15 » »
29. 5 » brun...... » » » 10
30. 5 » bistre..... » » » 10
31. 10 » bleu...... » 50 » 10
32. 10 » bleu pâle.. » 75 » 10
33. 15 » rose...... » 50 » 10
34. 20 » jaune..... » 75 » 10
35. 40 » vert...... 1f » » 05
36. 40 » vert pâle.. 1f » » 10
37. 1 franc gris perle.. 2f » » 25
38. 1 » gris pâle... 2f » » 25

1862-63. *Déesse de profil.*

39. 2 rap. gris....... » 10 » »
40. 3 » noir....... » 10 » »
41. 5 » brun...... » 10 » 05
42. 10 » bleu..... » 15 » 05

		Neufs.	Oblitér.
43.	10 rap. bleu foncé.	» »	» 15
44.	20 » orange....	» 30	» 05
45.	30 » rouge.....	» 40	» 10
46.	40 » vert......	» 50	» 05
47.	60 » bronzé....	1f »	» 25
48.	1 franc doré......	1f25	» 25

TERRE-NEUVE

1862. *Fleurs de la Grande-Bretagne.*

		Neufs.	Oblitér.
1.	1 penny brun (carré).	» 35	» »
2.	2 pence rouge (rect.)	1f »	» »
3.	3 » vert (triang.)	» 75	» »
4.	4 » rouge (rect.)	» »	2f »
5.	5 » brun (carré).	3f »	» »
6.	6 » rouge (rect.).	2f »	1f50
7.	6 1/2 » rouge (rect.).	2f25	» »
8.	8 » rouge (rect.).	3f »	» »
9.	1 shill. rouge (rect.).	3f »	» »
10.	2 pence rouge vin (rectang.).	» 50	» »
11.	4 » » »	1f »	» »
12.	5 » chocolat (car.)	1f25	» »
13.	6 » rouge vin (rectang.).	1f50	» »
14.	6 1/2 » » »	1f50	» »
15.	1 shill. » »	2f50	» »

1866. *Types divers, dentelés.*

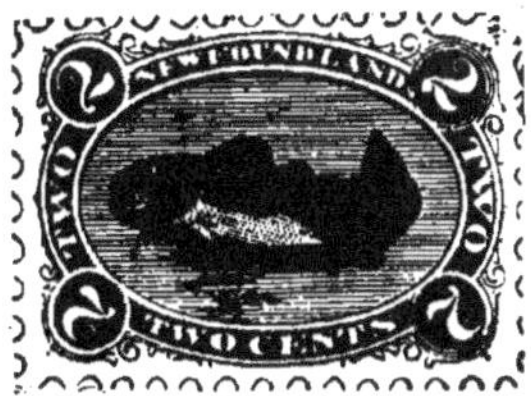

16. 2 cents vert (morue) » 25 » »

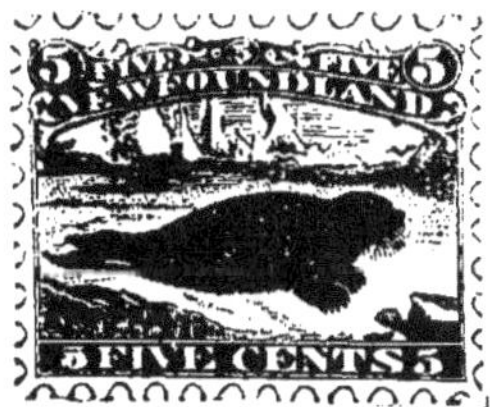

17. 5 » brun (phoque) » 50 » »

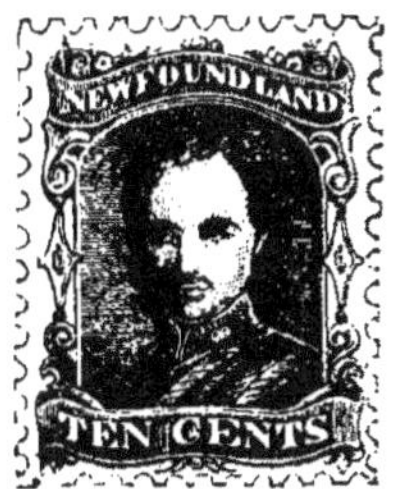

Neufs. Oblitér.

18. 10 » noir (prince de Galles).. 1f » » »

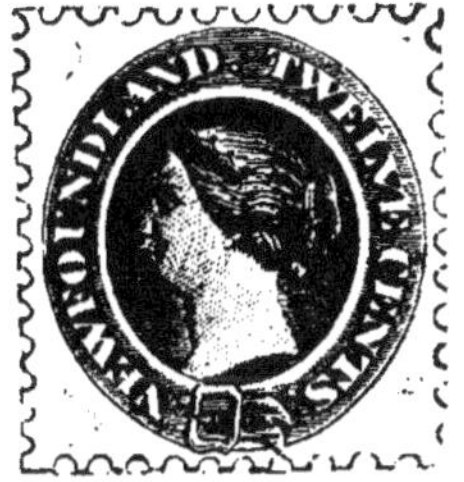

19. 12 » chair (reine). 1f25 » »

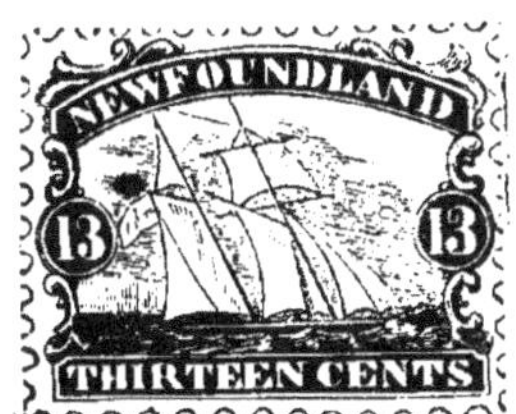

20. 13 » jaune (bateau) 1f50 » »

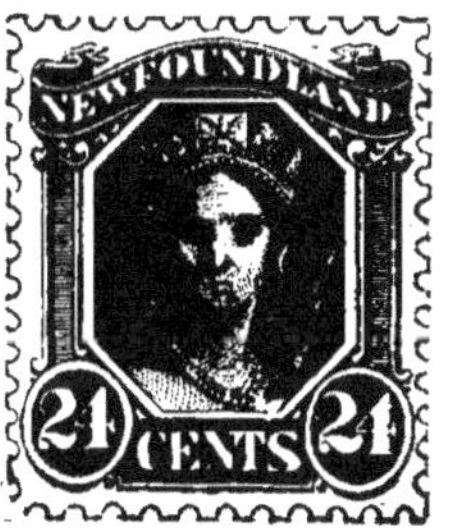

21. 24 » bleu (reine). 2f50 »

TOSCANE

1851. *Lion, couleur sur bleuté.*

	Neufs.	Oblitér.
1. 1 quattrimo noir...	2f »	1f »
2. 1 soldo jaune.....	» »	1f50
3. 1 » jaune pâle	» »	1f50
4. 2 soldi brique....	» »	15f »
5. 1 crazia rouge.....	» »	» 25
6. 1 » brun......	» »	» 50
7. 2 » bleu......	» »	» 25
8. 2 » bleu foncé.	» »	» 25
9. 4 » vert.......	» »	» 25
10. 6 » ardoise....	» »	» 25
11. 9 » violet.....	» »	» 25
12. 60 » brique....	» »	15f »

Les mêmes, sur blanc.

	Neufs.	Oblitér.
13. 1 quattrimo noir....	» »	» 75
14. 1 soldo jaune.....	» »	2f »
15. 1 crazia rouge.....	» »	» 25
16. 2 crazia bleu......	» »	» 25
17. 2 » bleu clair..	» »	» 25
18. 4 » vert......	» »	» 25
19. 6 » bleu......	» »	» 25
20. 6 » bleu foncé.	» »	» 25
21. 9 » violet.....	» »	» 50

Timbre de journaux, frappé à main (BOLLO STRAORDINARIO).

	Neufs.	Oblitér.
22. 2 soldi noir.......	2f »	» »

GOUVERNEMENT PROVISOIRE.

1863. *Croix de Savoie.*

	Neufs.	Oblitér.
23. 1 cent. violet foncé	» »	» 25
24. 1 » violet pâle	» »	» 25
25. 5 » vert foncé.	» »	» 25
26. 5 » vert pâle..	» »	» 25
27. 10 » brun......	» »	» 25
28. 10 » violâtre...	» »	» 25
29. 20 » bleu......	» »	» 25
30. 20 » gris.......	» »	» 25
31. 40 » rouge.....	» »	» 25
32. 40 » chair.....	» »	» 25
33. 80 » chair.....	» »	1f »
34. 3 lire jaune.....	» »	20f »

TRINITÉ

1851. *Déesse assise, gravure, papier bleuté.*

	Neufs.	Oblitér.
1. Rouge.............	» »	1f »
2. Brun violet........	» »	5f »
3. Brun..............	» »	2f »
4. Bleu..............	» »	6f »

Les mêmes, papier blanc

	Neufs.	Oblitér.
5. Rouge............	» »	1f »
6. Brun violet........	» »	5f »
7. Brun..............	» »	2f »
8. Bleu..............	» »	6f »

Même type, au trait, papier blanc.

	Neufs.	Oblitér.
9. Bleu..............	» »	5f »
10. Gris..............	» »	5f »

Idem, report lithographique, presqu'invisible.

	Neufs.	Oblitér.
11. Rouge...........	2f »	» »
12. Bleu..............	» »	6f »
13. Gris..............	» »	6f »

1859. *Valeur indiquée, non dentelés.*

	Neufs.	Oblitér.
14. 4 pence pensée....	» »	1f »
15. 6 » vert......	» »	1f »
16. 1 shill. brun......	» »	2f »

1863. *Les mêmes, dentelés.*

	Neufs.	Oblitér.
17. (sans valeur), carmin	» »	» 50
18. » brun carm.	» »	» 50
19. » brun......	» 25	» »
20. 4 pence violet.....	» »	» 25
21. 4 » lilas......	» »	» 25
22. 6 » vert.......	» »	1f »
23. 6 » vert jaune.	» »	» 50
24. 1 shill. ardoise....	» »	» 50
25. 1 » violet.....	» »	» 35

TURQUIE

1863. *Croissant, noir sur papier pelure, de couleur.*

	Neufs.	Oblitér.
1. 20 paras jaune....	» 50	» »
2. 20 » jaune pâle.	» 50	» »

		Neufs.	Oblitér.
3.	1 piastre violet.....	» 75	» »
4.	1 » lilas......	» 75	» »
5.	2 » bleu......	1f »	» »
6.	2 » bleu foncé	1f »	» »
7.	5 » rose carm.	2f50	» »
8.	5 » groseille...	3f »	» »

Les mêmes, papier fort.

9.	20 paras jaune......	» 50	» »
10.	20 » jaune pâle.	» 50	» »
11.	1 piastre lilas......	» 75	» »
12.	1 » bleuâtre...	» 75	» »

Chiffres taxe des mêmes.

13.	20 paras brun foncé	» 50	» »
14.	20 » brun......	» 50	» »
15.	20 » rougeâtre..	» 50	» »
16.	1 piastre brun......	» 75	» »
17.	1 » rougeâtre..	» 75	» »
18.	2 » brun......	1f25	» »
19.	2 » rougeâtre..	1f25	» »
20.	5 » brun......	3f »	» »
21.	5 » rougeâtre..	3f »	» »

1864. *Croissant, couleur sur blanc dentelés.*

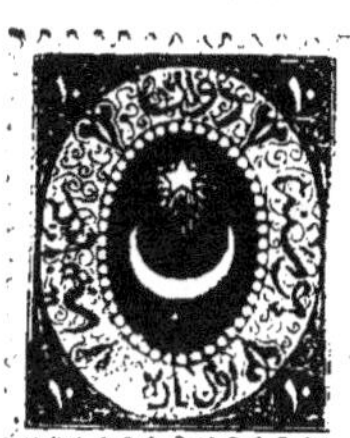

22.	10 paras vert.......	» 20	» »
23.	20 » jaune......	» 25	» »
24.	20 » jaune clair.	» 25	» »
25.	1 piastre lilas......	» 50	» »
26.	1 » violet......	» 50	» »
27.	2 » bleu......	1f »	» »
28.	5 » carmin....	2f »	» »
29.	25 » orange....	7f »	» »

Chiffres taxe des mêmes.

30.	20 paras brun.......	» 25	» »
31.	20 » brun clair.	» 25	» »
32.	1 piastre brun......	» 50	» »
33.	1 » brun clair.	» 50	» »
34.	2 » brun......	1f »	» »
35.	2 » brun clair.	1f »	» »

		Neufs.	Oblitér.
36.	5 piastre brun......	2f »	» »
37.	5 » brun clair.	2f »	» »
38.	25 » brun......	7f »	» »
39.	25 » brun clair.	7f »	» »

POSTE LOCALE.

1866. *Croissant, noir sur couleur, dentelés.*

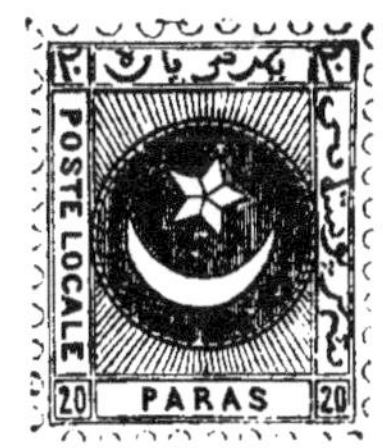

40.	5 paras bleu.......	» 15	» »
41.	20 » vert.......	» 25	» »
42.	40 » rose.......	» 50	» »

1866. *Id. ronds, pour journaux, timbrés à la main.*

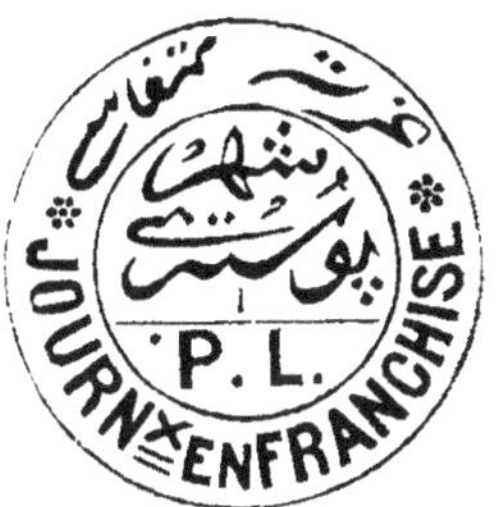

43.	Rouge.............	» 25	» »
44.	Bleu..............	» 25	» »
45.	Noir..............	» 25	» »

1866. *Timbres taxe pour les lettres venant de l'extérieur.*

POSTE LOCALE	
Service Mixte	
Taxe ext.	
Taxe int.	10
TOTAL	

46.	10 paras noirs, jaune	» 20	» »
47.	20 » » rose.	» 25	» »

Neufs. Oblitér.

48. 1 piastre rouge sur blanc... » 50 » »
49. 2 » bleu s. blanc 1f » » »

VANCOUVER

1866. Effigie de la reine Victoria.

1. 5 cents rouge...... » 75 » »
2. 10 » bleu....... 1f25 » »

VAN DIEMEN-TASMANIE

Petite effigie, couleur sur blanc.

1. 1 penny bleu (rect.) » » 1f »
2. 4 pence jaune (oct.) » » » 75
3. 4 » orange id. » » » 75
4. 4 » orange foncé (oct.) » » » 75

Effigie, couleur sur blanc, étoile en filigrane.

5. 1 penny rouge brun » » 1f »
6. 2 pence vert foncé. » » 1f »
7. 4 » bleu foncé. » » 1f »

Les mêmes, chiffre en filigrane.

8. 1 penny rouge..... » 50 » 25
9. 1 » rouge pâle. » » » 25
10. 2 pence vert brun. » 50 » »
11. 2 » vert....... » 50 » »
12. 4 » bleu foncé. » » » 25
13. 4 » bleu pâle.. » » » 10

1864. *Les mêmes, dentelés.*

14. 1 penny rouge..... » 25 » »
15. 2 pence vert...... » 50 » »
16. 4 » bleu...... » » » 15

Octogones, Tasmania.

17. 6 pence lilas...... » » » 50
18. 6 » gris....... » » » 50
19. 1 sh. vermillon.. » » 1f »
20. 6 pence lilas (dent.) » » » 50

Neufs. Oblitér.

21. 1 sh. vermillon (dentelé). » » 1f »

VENEZUELA

1859. *Petit format, armoiries.*

1. 1/2 réal jaune..... » » » 25
2. 1/2 » orange.... » 25 » »
3. 1 » bleu foncé. » » 1f »
4. 1 » bleu clair. » 50 » »
5. 2 » rouge..... » 75 » »
6. 2 » orangé.... » » 1f »

1861. *Carrés, armoiries.*

7. 1/4 cent. vert...... » 75 » »
8. 1/2 » brun violet » 25 » »
9. 1 » brun...... » 25 » »

1863. *Aigle.*

10. 1/2 cent. chair..... » 10 » »
11. 1 » gris........ » 15 » »
12. 1/2 réal jaune..... » 75 » »
13. 1 » bleu...... 1f25 » »
14. 1 » bleu pâle.. 1f25 » »
15. 2 » vert....... 2f » 1f »
16. 2 » vert clair.. 2f » » »

1866. *Carrés, armoiries.*

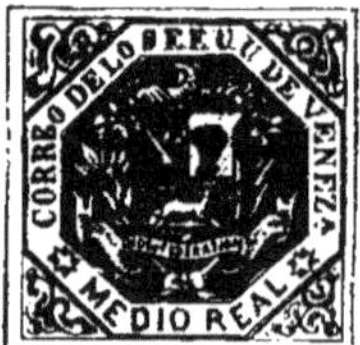

17. 1/2 réal violet..... » 75 » »
18. 1 » rouge..... 1f25 » »
19. 2 » jaune..... 2f » » »

VICTORIA

1852. *Reine à mi corps, couleur sur blanc.*

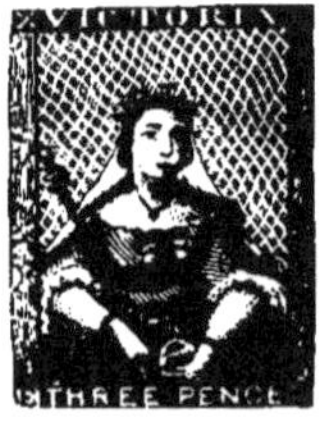

1. 1 penny rose...... » » 1f »

				Neufs.	Oblitér.
2.	1	penny	brun rouge	» »	1f »
3.	1	»	bistre.....	» »	1f »
4.	1	»	vermillon dentelé...	» »	3f »
5.	2	»	gris.......	» »	3f »
6.	2	»	gris pâle..	» »	2f50
7.	3	»	bleu foncé.	» »	» 50
8.	3	»	bleu.......	» »	» 50
9.	3	»	bleu (dent.)	» »	3f »

1852. *Reine sur un trône.*

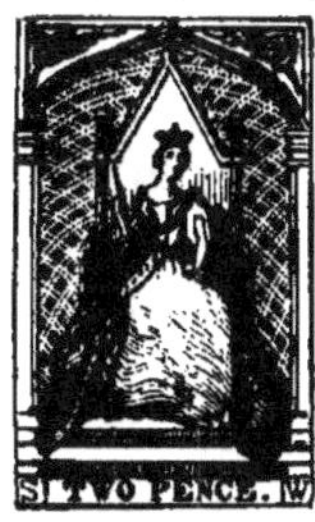

10.	1	penny	vert.......	» »	2f »
11.	2	pence	brun......	» »	1f »
12.	2	»	brun foncé.	» »	1f »
13.	6	»	bleu.......	» »	» 50
14.	1	»	vert (dent.)	» »	6f »
15.	6	»	bleu id.	» »	3f »

Octogone, effigie.

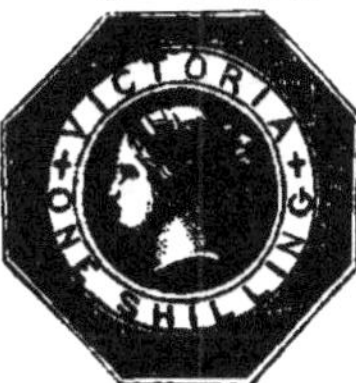

16.	1	sh.	bleu......	» »	2f »
17.	1	»	id. (dent.).	» »	» 25

Carrés, reine, Postage Stamp *sur les côtés.*

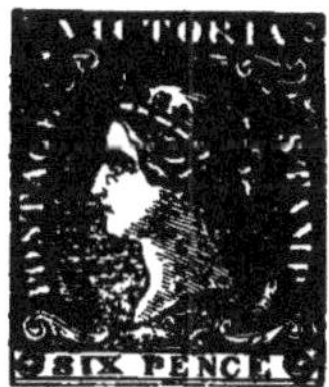

18.	6	pence	orange....	» »	» 25

				Neufs.	Oblitér.
19.	6	»	jaune.....	» »	» 25
20.	6	»	jaune (dentelé).....	» »	3f »
21.	6	»	noir (dent.)	» »	2f »
22.	2	»	vert......	» »	1f »
23.	2	»	id. (dent).	» »	1f »

1858. *Effigie, cadre ovale, attributs aux quatre angles, étoile en filigrane.*

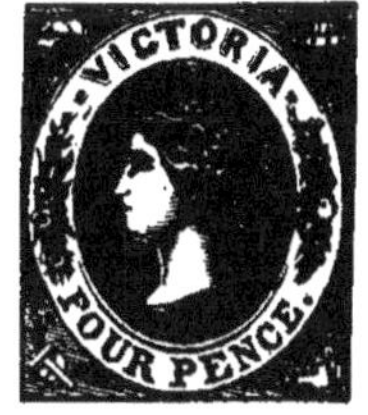

24.	1	penny	vert.......	» »	» 50
25.	2	pence	lilas......	» »	» 50
26.	4	»	rose.......	» »	1f »
27.	4	»	rouge.....	» »	1f »

Les mêmes, papier vergé.

28.	1	penny	vert.......	» »	» 50
29.	2	pence	violet.....	» »	» 50
30.	4	»	rose......	» »	1f »

Les mêmes, papier ordinaire.

31.	1	penny	vert.......	» »	» 50
32.	2	pence	lilas.......	» »	» 50
33.	4	»	rose.......	» »	1f »

Les mêmes, dentelés.

34.	1	penny	vert......	» »	» 50
35.	2	pence	lilas......	» »	» 50
36.	4	»	rose......	» »	1f »

Les mêmes, valeur en lettre en filigrane.

37.	1	penny	vert.......	» »	» 50
38.	2	pence	lilas.......	» »	» 75

Les mêmes, valeur en chiffre en filigrane.

39.	2	pence	lilas.......	» »	1f »

1862. *Même genre, chiffre sur les côtés, valeur en lettre en filigrane.*

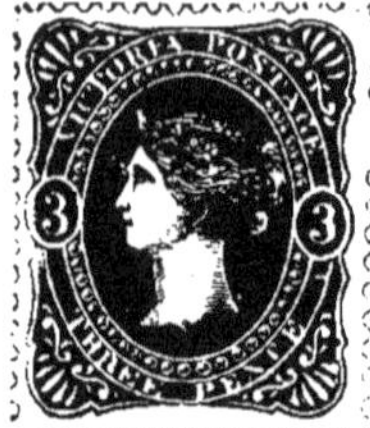

		Neufs.	Oblitér.
40. 3 pence	bleu foncé.	» »	» 50
41. 3 »	bleu clair..	» »	» 50
42. 3 »	rose......	» »	» 35
43. 4 »	rose foncé.	» »	» 50
44. 6 »	orangé....	» »	10^c »
45. 6 »	noir......	» »	» 50

Id. Grandes inscriptions.

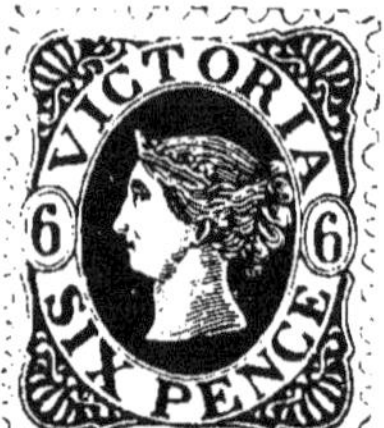

46. 6 pence chiffres en filigrane. » » » 25

Même type, chiffre en filigrane.

47. 3 pence rose.,..... » » » 50
48. 4 » rose....... » » » 50

1863. *Même genre, lignes blanches croisées dans les angles, valeur en lettres en filigrane.*

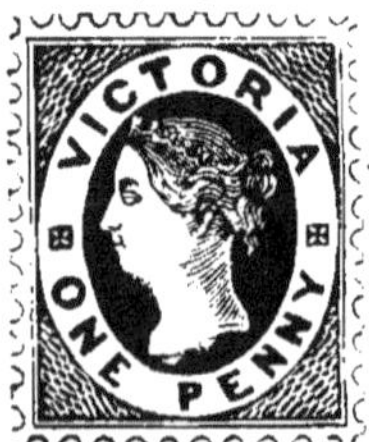

49. 1 penny vert....... » » » 25
50. 1 » id pap.ord. » » » 25

		Neufs.	Oblitér.
51. 1 penny	id. chiffres en filigr..	» »	» 50
52. 1 »	id.ch.maig. en filigr..	» »	» 50

1864. *Carré, effigie laurée dans un rond.*

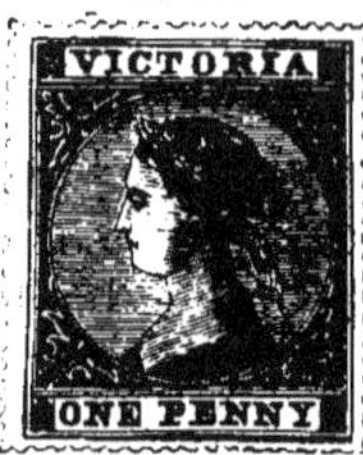

		Neufs.	Oblitér.
53. 1 penny	vert.......	» 25	» 10
54. 1 »	vert pâle..	» 25	» 10
55. 2 pence	lilas......	» »	» 25
56. 2 »	violet.....	» »	» 25
57. 4 »	rose......	» »	» 10
58. 4 »	rose pâle..	» »	» 10
59. 4 »	id. ch. gras en filigr..	» »	1^f »
60. 8 »	orange....	» »	» 50

1865 *Types connus, dentelés.*

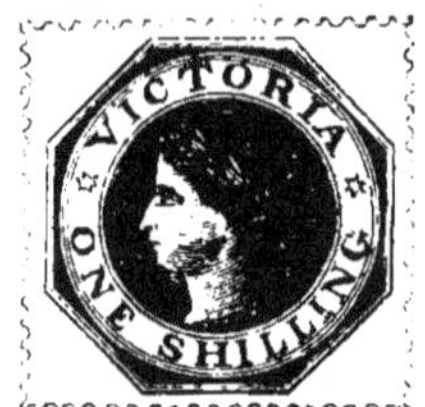

61. 1 sh. bleu s. bleu » » » 50
62. 2 » bleu s. ver. » » 1^f »

1866. *Rectangulaires, effigie dans un ovale, chiffres horizontaux.*

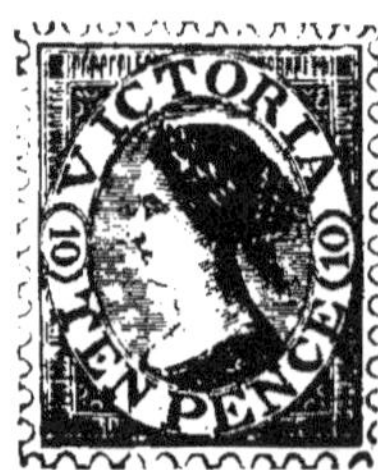

63. 6 pence bleu..... » » » 50

Neufs. Oblitér.

64. 10 pence gris....... » » 2f50
65. 10 » lie de vin. » » » 50

1856. ***Lettres en retard,*** TOO LATE.

66. 6 pence lilas et vert. » » 8f »

Id. Lettres chargées, REGISTERED.

67. 1 sh. rose et bleu » » 2f »

TIMBRES DE FRANCHISE.

Timbre rond, à main, bleu.

68. Post master general » » 1f »
69. Comm. of Public works.............. » » 1f »
70. Comm. of Crown Lands........... » » 1f »
71. Comm. of Trade and Customs......... » » 1f »
72. Comm Railways and Roads........... » » 1f »
73. Minister of Justice.. » » 1f »
74. Chief secretary.... » » 1f »
75. The Treasurer..... » » 1f »

WURTEMBERG.

1851. *Chiffre, noir sur couleur.*

1. 1 kr. paille....... » » » 50
2. 3 » jaune....... » » » 25
3. 3 » jaune foncé.. » » » 25
4. 6 » vert......... » » » 15
5. 6 » vert foncé... » » » 15
6. 9 » rose........ » » » 15
7. 18 » violet....... 3f » 1f50

Les mêmes, réimprimés, avec retouche.

8. 1 kr. jaune clair.. » 50 » »

Neufs. Oblitér.

9. 3 kr. jaune....... » 50 » »
10. 6 » vert......... » 75 » »
11. 9 » rose......... 1f » » »
12. 18 » violet....... 1f50 » »

1857. ***Armoiries relief et couleur sur blanc, fil de soie dans le papier, non dentelés.***

13. 1 kr. brun........ » » » 50
14. 3 » orange...... » » » 25
15. 6 » vert......... » » » 25
16. 9 » rose......... » » » 25
17. 18 » bleu........ » » 1f50

Les mêmes, sans fil de soie.

18. 1 kr. bistre....... » » » 50
19. 3 » jaune........ » » » 15
20. 6 » vert......... » » » 15
21. 9 » rose........ » » » 15
22. 18 » bleu........ » » 1f50

Les mêmes, réimprimés.

23. 1 kr. bistre....... 1f » » »
24. 3 » jaune....... 1f » » »
25. 6 » vert......... 1f » » »
26. 9 » rose......... 1f » » »
27. 18 » bleu........ 2f » » »

1859. *Les mêmes, dentelés.*

28. 1 kr. bistre....... » » » 50
29. 1 » brun noir... » » » 50
30. 3 » jaune....... » » » 10
31. 6 » vert......... » » » 10
32. 9 » rose......... » » » 10
33. 18 » bleu........ » » 1f »

1862. ***Même type, dentelés.***

34. 1 kr. vert........ » 10 » »
35. 1 » vert pâle.... » 10 » »
36. 3 » rose........ » 25 » 10
37. 6 » bleu........ » » » 15
38. 9 » bistre....... » » » 15
39. 9 » brun......... » » » 15
40. 18 » orange...... » » » 50

Commission für retourbriefe.

41. Armoiries, noir.... » 50 » »

ENVELOPPES.

1862. *Chiffre dans un octogone, relief et couleur sur blanc, grandes inscriptions transversales, vertes.*

			Neufs.	Oblitér.
42.	3 kr.	rose........	» »	» 25
43.	6 »	bleu........	» »	» 25
44.	9 »	brun........	» »	» 25

1862. *Idem papier bleu, inscriptions transversales petites.*

			Neufs.	Oblitér.
45.	3 kr.	rose........	» »	» 25
46.	6 »	bleu........	» »	» 25
47.	9 »	brun........	» »	» 25

1865. *Idem inscriptions transversales de diverses couleurs.*

			Neufs.	Oblitér.
48.	1 kr.	vert........	» 15	» »
49.	3 »	rose........	» 25	» 15
50.	6 »	bleu........	» 50	» 20
51.	9 »	bistre.......	» 75	» 25

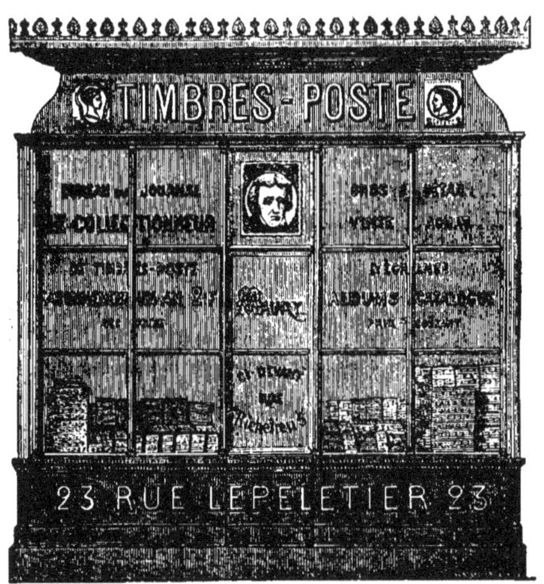

Paris. — Typ. Rouge frères, Dunon et Fresné, r. du Four-St-Germ., 43

Le premier volume (18 numéros) du journal le **Collectionneur de Timbres-poste**, orné de plus de 100 gravures de timbres-poste, forme un charmant ouvrage utile et amusant à consulter.

SOMMAIRE

La Timbromanie. — Origine des postes et des timbres-poste. — Timbres-poste de 1653.— Curi ux documents. — Réponse aux railleurs.—Magnifique portrait de Napoléon III, pour 20 c. — Un timbre de 500 fr.— Calino collectionneur. — Nouvelle Calédonie. — Les timbres faux. — Timbres du Japon. — Cap *noir*. — Explication des légendes des timbres chinois. — Chiffres-taxes turcs. —Affiche des chiffres-taxes français.—Description des timbres et enveloppes de Finlande. — Des essais du prince Albert et autres.—TNAȚ SNỌC LIRE MUD. — Vente d'une collection de 5,000 fr. — Charité et timbres faux. — Grammaire. — Annonce curieuse. — Haïti. — Des essais. — Baptême. — Essai de Connell. — La Triquetra. — Des timbres de Buenos-Ayres, de Corrientes et de la République argentine.— De l'Etude des timbres.— Pourquoi la Bibliothèque impériale, l'Hôtel des postes, les Musées, n'ont-ils pas leur collection de timbres-poste? — Classification des timbres de l'Australie occidentale. — Des timbres de la Guyane. — Un Collectionneur aveugle. — Un gentleman affranchi et chargé. — Faillites. — A propos des Essais. — Poste aux lettres en mer. — Légende des timbres grecs. — Des timbres de la Nouvelle Galles du Sud. — Sur les timbres neufs et oblitérés. — Les colonies françaises. — Des Timbres du cercle de Wenden. — Le Facteur. — Des Timbres de l'Ile Maurice. — Carnaval. — Dialogue. — La Belle-Hélène. —Enveloppe d'affranchissement du siècle de Louis XIV.—Taille-douce. Typographie-lithographie. — Les Timbres turcs. — Explication de leurs légendes. — Ce que l'on trouve chez les marchands de tabac —Questions. — Ile de la Réunion. —Des timbres des Iles Philippines.— Des enveloppes du Canada sur papier jaune. — Un Chinois? — Essai de classification des timbres-poste de Victoria. — Timbre-poste Auvergnat. — Luçon.— Jadis et aujourd'hui. — Les Timbres de l'Ile de Nevis. — Encore Maurice! — Nomenclature-chronologique des Timbres de la Grande-Bretagne. — Bouts rimés. — Buenos-Ayres. — Hygiène. — Fabrication des Timbres-poste français à la monnaie. — Timbres de franchise à Victoria. — L'art d'enlever l'oblitération des timbres-poste. — Essais et timbres poste de France. — Chiffres-taxes internationaux. — De quelques essais rares et curieux. — Le choléra et les timbres. — Un collectionneur sans le savoir. — Théâtre. — Nécrologie. — Timbres de Sardaigne et d'Italie. — Timbre-taxe d'Italie. — L'album Lallier. — Léopold Ier. — Paysannerie. — Poste souterraine. — Description d'une foule de timbres-poste de tous les pays.

PRIX

Broché, avec une magnifique couverture ornée de 13 timbres-poste imprimés en trois couleurs. . . . . **2** »

Cartonné, joli titre doré. **2 75**

Relié en toile imitation de maroquin, titre et tranche dorés **3 50**

Frais de port en plus (40 c. pour la France).

ALBUM-TIMBRES-POSTE

PAR JUSTIN LALLIER

Sixième édition, revue et augmentée,

ORNÉE DE CARTES ET DES ARMES ET PAVILLONS DE TOUS LES PAYS.

PRIX : Reliure toile, 1 fermoir, **8** fr.; — Demi-reliure, 1 fermoir, **10** fr.; Reliure maroquin plein, tranche dorée, 2 fermoirs, **12** fr.; — Reliures très-riches (sur commande) de toutes sortes, avec initiales, couronnes, etc., depuis **25** fr.

(*Les albums sont expédiés, aux frais du destinataire, par chemin de fer ou messageries, à moins d'indication contraire.*)

POUR L'ORNEMENTATION DE L'ALBUM

297 Armoiries et **Pavillons** de toutes les nations, couleurs or et argent.

La collection en trois feuilles (port en sus), **2** fr. **50**.

44 Portraits des Souverains, format timbres-poste, photographiés par FRANCK.

La collection (port en sus), **4** fr.; Chaque portrait séparé, **10** c.

Demander par les numéros suivants :

Nos
1 France. — Napoléon III.
2 Angleterre. — Victoria Ire.
3 Autriche. — François-Joseph Ier.
4 Bade. — Grand-duc Frédéric.
5 Bavière. — Maximilien II.
6 Bavière. — Louis II.
7 Belgique. — Léopold Ier.
8 Brunswick. — Grand-duc Guillaume.
9 Danemark. — Frédéric VII.
10 Danemark. — Christian IX.
11 Espagne. — Isabelle II.
12 Etats-Romains. — Pie IX.
13 Grèce. — Georges Ier.
14 Hanovre. — Georges V.
15 Italie. — Victor-Emmanuel.
16 Luxembourg. — Guillaume III.
17 Mecklembourg. — Frédéric-François.
18 Modène. — François V.
19 Naples. — Ferdinand II.
20 Moldavie. — Prince Couza.
21 Oldenbourg. — Grand-duc Pierre.

Nos
22 Parme. — D. Robert.
23 Hollande. — Guillaume III.
24 Portugal. — Dona Maria II.
25 Portugal. — Don Pedro V.
26 Portugal. — Don Luis Ier.
27 Prusse. — Frédéric-Guillaume IV.
28 Prusse. — Guillaume Ier.
29 Russie. — Alexandre II.
30 Saxe. — Frédéric-Auguste II.
31 Saxe. — Jean Ier.
32 Sicile. — Ferdinand II.
33 Suède. — Charles XV.
34 Norvége. — Charles XV.
35 Toscane. — Ferdinand IV.
36 Turquie. — Abdul-Aziz-Khan.
37 Wurtemberg. — Guillaume Ier
38 Wurtemberg. — Charles.
39 Brésil. — Don Pedro II.
40 Mexique. — Maximilien.
41 Honolulu. — Kamehameha III.
42 Honolulu. — Kamehameha IV.
43 Honolulu. — Kamehameha V.
44 Mecklembourg-Schwerin. — Frédéric.

Typ. Rouge frères, Dunon et Fresné, r. du Four-St-Germ., 43

www.ingramcontent.com/pod-product-compliance
Lightning Source LLC
LaVergne TN
LVHW020035170826
845678LV00001B/263

9782329696188